Deficiência intelectual: da eliminação à inclusão

O selo DIALÓGICA da Editora InterSaberes faz referência às publicações que privilegiam uma linguagem na qual o autor dialoga com o leitor por meio de recursos textuais e visuais, o que torna o conteúdo muito mais dinâmico. São livros que criam um ambiente de interação com o leitor – seu universo cultural, social e de elaboração de conhecimentos –, possibilitando um real processo de interlocução para que a comunicação se efetive.

Deficiência intelectual: da eliminação à inclusão

Bartira Santos Trancoso

EDITORA intersaberes

Rua Clara Vendramin, 58 . Mossunguê . CEP 81200-170 . Curitiba . PR . Brasil
Fone: (41) 2106-4170 . www.intersaberes.com . editora@editorainterseberes.com.br

Conselho editorial
Dr. Ivo José Both (presidente)
Dr.ª Elena Godoy
Dr. Neri dos Santos
Dr. Ulf Gregor Baranow

Editora-chefe
Lindsay Azambuja

Gerente editorial
Ariadne Nunes Wenger

Analista editorial
Ariel Martins

Preparação de originais
Fabrícia E. de Souza

Edição de texto
Fábia Mariela De Biasi

Capa e projeto gráfico
Bruno Palma e Silva (*design*)
Mikhail Rulkov/Shutterstock
(imagem de capa)

Diagramação
Estúdio Nótua

Equipe de *design*
Charles L. da Silva
Luana Machado Amaro
Mayra Yoshizawa

Iconografia
Regina Claudia Cruz Prestes

Dados Internacionais de Catalogação na Publicação (CIP)
(Câmara Brasileira do Livro, SP, Brasil)

Trancoso, Bartira Santos
  Deficiência intelectual: da eliminação à inclusão/Bartira Santos Trancoso.
Curitiba: InterSaberes, 2020. (Série Pressupostos da Educação Especial)

  Bibliografia
  ISBN 978-85-227-0312-8

  1. Aprendizagem cognitiva 2. Distúrbios da aprendizagem 3. Deficiência intelectual 4. Discriminação 5. Educação especial 6. Educação inclusiva I. Título II. Série.

20-32943   CDD-371.92

Índices para catálogo sistemático:
1. Deficiência intelectual em crianças: Leitura e escrita: Educação especial   371.92
Maria Alice Ferreira – Bibliotecária – CRB-8/7964

1ª edição, 2020.

Foi feito o depósito legal.

Informamos que é de inteira responsabilidade da autora a emissão de conceitos.

Nenhuma parte desta publicação poderá ser reproduzida por qualquer meio ou forma sem a prévia autorização da Editora InterSaberes.

A violação dos direitos autorais é crime estabelecido na Lei n. 9.610/1998 e punido pelo art. 184 do Código Penal.

Sumário

11 Apresentação
13 Como aproveitar ao máximo este livro
17 Introdução

Capítulo 1
23 **Contexto histórico da deficiência intelectual: da deficiência mental à dificuldade intelectual e desenvolvimental (DID)**
25 1.1 Contexto histórico da deficiência
46 1.2 Terminologias e concepções referentes à deficiência intelectual

Capítulo 2
61 **Deficiência intelectual e conceito de inteligência**
63 2.1 Conceitos e modelos de inteligência no decorrer da história
64 2.2 Teorias psicométricas
69 2.3 Teorias desenvolvimentistas
75 2.4 Teoria sociocultural, de Lev Vygotsky
80 2.5 Teorias cognitivistas
91 2.6 A inteligência no século XXI
92 2.7 A deficiência intelectual na contemporaneidade

Capítulo 3

103 **Contribuições da teoria bioecológica do desenvolvimento humano**
105   3.1 Vida e obra de Bronfenbrenner
106   3.2 Origens do pensamento bioecológico de Bronfenbrenner
109   3.3 A teoria bioecológica e os contextos de desenvolvimento (pessoa, processo, contexto, tempo)
116   3.4 As relações do contexto com o cronossistema
117   3.5 Proposta da teoria como perspectiva de futuro

Capítulo 4

127 **Processo ensino-aprendizagem de alunos com dificuldade intelectual e desenvolvimental**
129   4.1 Pressupostos da aprendizagem
146   4.2 Contribuições da neurociência para a compreensão do processo ensino-aprendizagem
150   4.3 Didática e metodologia de ensino para pessoas com dificuldade intelectual e desenvolvimental (deficiência intelectual)
153   4.4 Sobre o ensino-aprendizagem de pessoas com dificuldade intelectual e desenvolvimental (deficiência intelectual): a teoria na prática

Capítulo 5

- 179   Preparação da pessoa com dificuldade intelectual e desenvolvimental (DID) para o mercado de trabalho
- 182   5.1 Deficiência e trabalho: políticas públicas
- 193   5.2 Desafios na contratação: escolarização, qualificação, desinformação
- 197   5.3 O papel das instituições especializadas na preparação da pessoa com DID para inserção no mercado de trabalho
- 198   5.4 Desafios na inclusão de pessoas com dificuldades intelectuais e desenvolvimentais no mercado de trabalho

- 207   *Considerações finais*
- 211   *Referências*
- 225   *Bibliografia comentada*
- 229   *Respostas*
- 231   *Sobre a autora*

Dedico este livro aos alunos (crianças e adolescentes) com dificuldades intelectuais e desenvolvimentais (deficiência intelectual) que passaram pela minha vida nestes 35 anos de magistério. Com vocês, eu mais aprendi do que ensinei. Grata eternamente, principalmente pelo amor incondicional e pelo sorriso de cada dia.

Apresentação

Muitas vezes nos sentimos impotentes frente aos desafios que o exercício da profissão de professor ou de pedagogo nos impõe. Quase sempre nos julgamos despreparados para atuar competentemente com nossos alunos, e isso é intensificado quando são pessoas com dificuldade intelectual e desenvolvimental (deficiência intelectual).

A boa notícia é que podemos ser um professor de excelência, realizado e feliz, ou apenas mais um entre tantos que seguem na profissão frustrados e insatisfeitos. A resposta para o sucesso de quem abraça a docência como profissão é fazer as escolhas certas. Muitas vezes, elas vêm depois de tomarmos algumas decisões erradas. No entanto, isso não deve nos desanimar, pelo contrário, deve nos desafiar.

A primeira escolha certa que devemos fazer é estudar, estudar e estudar. Portanto, se você está com este livro em suas mãos, é porque já fez sua primeira e acertada escolha profissional. Esta obra vai auxiliá-lo, de forma séria e abrangente, nos primeiros passos da trajetória de um professor de excelência no conhecimento, no trato e no desenvolvimento de competências para o ensino de crianças e adolescentes com deficiência intelectual. Esperamos que o texto o instigue na busca de mais profundidade teórica e de mais disposição para a prática e que promova reflexões sobre o desenvolvimento e o processo ensino-aprendizagem no contexto da educação especial.

Ensinar é um privilégio porque, quando ensinamos, também aprendemos. Mas os desafios são muitos e alguns bem assustadores. O Brasil passa por uma crise em todos os setores, e no cenário educacional não é diferente. Nas últimas décadas, temos discutido sobre a inclusão, elaborado políticas públicas e refletido sobre o tema. As opiniões são diversas, as discussões são ferrenhas, e você está chegando agora. Que privilégio. Siga em frente, acredite, faça diferente, faça melhor.

Neste livro, você encontrará os primeiros passos sobre o tema *dificuldade intelectual*. Vá além, aprofunde, supere seus mestres, transforme vidas. Não deixe perguntas sem respostas, não aceite uma única resposta. Afinal, somos inéditos neste universo imensurável.

Boa sorte. Boa leitura. Bons estudos. Sucesso! Nada menos.

Como aproveitar ao máximo este livro

Este livro traz alguns recursos que visam enriquecer o seu aprendizado, facilitar a compreensão dos conteúdos e tornar a leitura mais dinâmica. São ferramentas projetadas de acordo com a natureza dos temas que vamos examinar. Veja a seguir como esses recursos se encontram distribuídos no decorrer desta obra.

Introdução do capítulo

Logo na abertura do capítulo, você é informado a respeito dos conteúdos que nele serão abordados, bem como dos objetivos que o autor pretende alcançar.

Síntese

Você dispõe, ao final do capítulo, de uma síntese que traz os principais conceitos nele abordados.

Indicações culturais

Nesta seção, o autor oferece algumas indicações de livros, filmes ou *sites* que podem ajudá-lo a refletir sobre os conteúdos estudados e permitir o aprofundamento em seu processo de aprendizagem.

Atividades de autoavaliação

Com estas questões objetivas, você tem a oportunidade de verificar o grau de assimilação dos conceitos examinados, motivando-se a progredir em seus estudos e a se preparar para outras atividades avaliativas.

Atividades de aprendizagem

Aqui você dispõe de questões cujo objetivo é levá-lo a analisar criticamente determinado assunto e aproximar conhecimentos teóricos e práticos.

Bibliografia comentada

Nesta seção, você encontra comentários acerca de algumas obras de referência para o estudo dos temas examinados.

Preste atenção!

Nestes boxes, você confere informações complementares a respeito do assunto que está sendo tratado.

Introdução

Caro leitor, para introduzi-lo no tema deste livro, vamos fazer uso do texto A *escola dos bichos* como um *background* para as reflexões propostas no transcorrer dos vários capítulos.

Era uma vez um grupo de animais que quis fazer alguma coisa para resolver os problemas do mundo. Para isto, eles organizaram uma escola. A escola dos bichos estabeleceu um currículo de matérias que incluía correr, subir em árvores, em montanhas, nadar e voar. Para facilitar as coisas, ficou decidido que todos os animais fariam todas as matérias.

O pato se deu muito bem em natação; até melhor que o professor! Mas quase não passou de ano na aula de voo, e estava indo muito mal na corrida. Por causa de suas deficiências, ele precisou deixar um pouco de lado a natação e ter aulas extras de corrida. Isto fez com que seus pés de pato ficassem muito doloridos, e o pato já não era mais tão bom nadador como antes. Mas estava passando de ano, e este aspecto de sua formação não estava preocupando a ninguém—exceto, claro, ao pato.

O coelho era de longe o melhor corredor, no princípio, mas começou a ter tremores nas pernas de tanto tentar aprender natação.

O esquilo era excelente em subida de árvore, mas enfrentava problemas constantes na aula de voo, porque o professor insistia que ele precisava decolar do solo, e não de cima de um galho alto. Com tanto esforço, ele tinha câimbras constantes, e foi apenas "regular" em alpinismo, e fraco em corrida.

A águia insistia em causar problemas, por mais que a punissem por desrespeito à autoridade. Nas provas de subida de árvore era invencível, mas insistia sempre em chegar lá da sua maneira. Na natação deixou muito a desejar.

Cada criatura tem capacidades e habilidades próprias, coisas que faz naturalmente bem. Mas quando alguém o força a ocupar uma posição que não lhe serve, o sentimento de frustração e até culpa, provoca mediocridade e derrota total. Um esquilo é um esquilo; nada mais do que um esquilo. Se insistirmos em afastá-lo daquilo que ele faz bem, ou seja, subir em árvores, para que ele seja um bom nadador ou um bom corredor, o esquilo vai se sentir um incapaz.

A águia faz uma bela figura no céu, mas é ridícula numa corrida a pé. No chão, o coelho ganha sempre. A não ser, é claro, que a águia esteja com fome! [...] (Rizzuti, 2019)

Essa história pode nos servir de reflexão sobre a maneira como muitos sistemas querem ensinar seus alunos, colocando-os a cumprir o mesmo currículo, no mesmo período de tempo e, se possível, da mesma maneira, pois, assim, simplificam-se as coisas, tem-se menos trabalho e menos custos. Esse é um modelo chocante e que não devemos seguir.

Nossa preocupação é que o ensino "para todos" seja de qualidade "para todos", respeitando o perfil de aprendizagem de cada pessoa, tenha ela dificuldades intelectuais e desenvolvimentais ou não. Portanto, neste livro, desenvolveremos o tema do ensino à pessoa com dificuldades intelectuais e desenvolvimentais (deficiência intelectual) por meio de uma reflexão histórica e contextualizada.

Nesse cenário, em que a diversidade é rica e desafiadora, procuramos abordar o tema *deficiência intelectual* por intermédio de um *background* histórico das deficiências e da evolução dos conceitos subjacentes às questões terminológicas, uma vez que estas refletem a maneira como a sociedade pensa e se relaciona com as pessoas que apresentam uma ou mais dificuldades.

Desse modo, o objetivo dos dois primeiros capítulos é mostrar ao leitor quais os caminhos percorridos até chegarmos a uma teoria de desenvolvimento que contempla a diversidade na hora de aplicá-la na prática pedagógica. Assim, apresentaremos os conceitos dos modelos teóricos de inteligência no decorrer da história, revisitando brevemente as teorias psicométrica, desenvolvimentista, sociocultural e cognitivista, sugerindo uma reflexão sobre suas contribuições na perspectiva da educação inclusiva.

A teoria bioecológica do desenvolvimento humano, de Urie Bronfenbrenner, apareceu no cenário educacional na década de 1970 como um novo conceito sobre o desenvolvimento humano e veio de encontro aos pensamentos existentes até então, ampliando a visão das pesquisas que relacionam desenvolvimento e aprendizagem. Seus estudos seguem uma abordagem que entende o desenvolvimento de forma contextualizada. Só depois de estudarmos essa teoria é que passaremos a refletir sobre o processo ensino-aprendizagem de alunos com dificuldade intelectual e desenvolvimental (deficiência intelectual). Nesse caso, analisaremos algumas teorias de aprendizagem, com ênfase para as que propõem posturas educacionais contemporâneas mais inclusivas, como a de Lev Vygotsky, cognitivista sociointeracionista.

Na sequência, apresentaremos os pressupostos da aprendizagem em suas abordagens comportamental e cognitivista, não deixando de levantar as contribuições da neurociência para a compreensão do processo ensino-aprendizagem. Podemos dizer que o grande problema para a educação especial não está em seu arcabouço teórico, mas no "como ensinar" as pessoas com dificuldades intelectuais e desenvolvimentais (deficiência intelectual) sob uma perspectiva inclusiva. Assim, discutiremos brevemente sobre a didática e a metodologia de ensino para essa população e vamos buscar uma relação da teoria com a prática de modo a refletir a respeito da inserção da pessoa no mercado de trabalho. Entendemos que essa conquista traz dignidade à pessoa com deficiência e dá a oportunidade para que ela exerça sua cidadania de forma responsável e consciente.

Por fim, esta obra quer fomentar a esperança e fornecer subsídios à prática docente de uma forma simples e positiva, realista e competente.

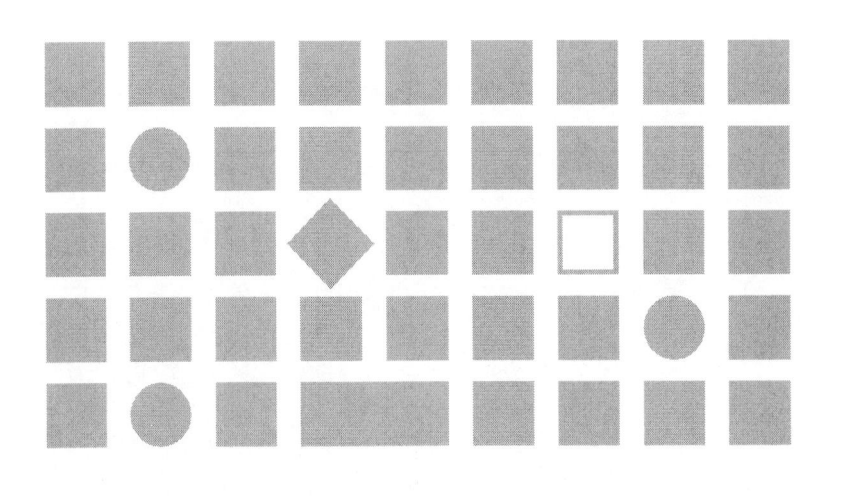

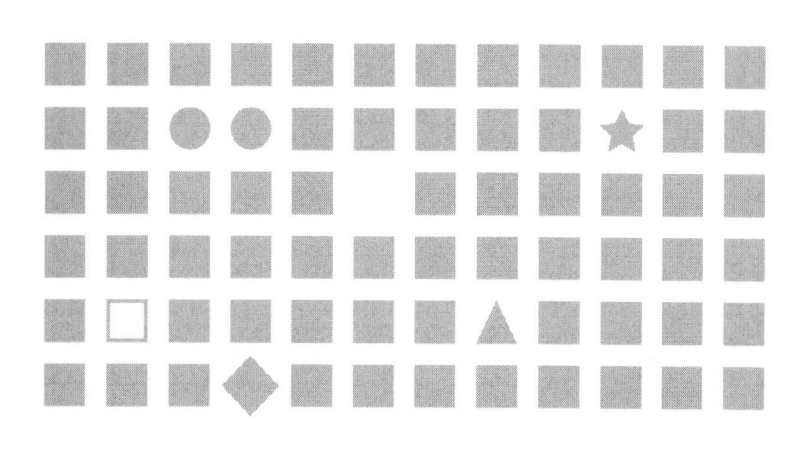

Capítulo 1
Contexto histórico da deficiência intelectual: da deficiência mental à dificuldade intelectual e desenvolvimental (DID)

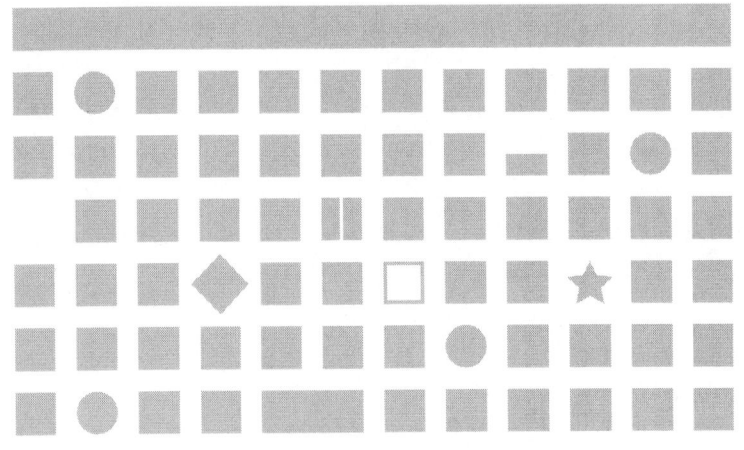

> *"É apenas com o coração que se pode ver direito;*
> *o essencial é invisível aos olhos."*
>
> Antoine de Saint Exupéry

Ao abordarmos o tema *deficiência intelectual*, devemos ter em mente o *background* histórico das deficiências e da evolução dos conceitos subjacentes às questões terminológicas. Nesse campo, a terminologia utilizada vem a ser o reflexo da maneira como a sociedade pensa e se relaciona com as pessoas que apresentam uma ou mais dificuldades (físicas, intelectuais ou desenvolvimentais), por isso não podemos nos abster de tal reflexão. No entanto, não objetivamos discutir questões ideológicas subjacentes aos temas em foco, já que estas podem ser alcançadas, com mais profundidade, em outros textos disponíveis em livros, artigos e periódicos.

Assim, convidamos você para uma rápida apreciação desse panorama, a fim de situá-lo historicamente e fornecer uma melhor compreensão das mudanças atitudinais desse contexto, inclusive no cenário brasileiro.

Neste capítulo, portanto, vamos examinar, brevemente, os períodos de mudanças que influenciaram as concepções referentes às pessoas com deficiências, desde a fase do extermínio, nos tempos primitivos, até o momento atual, em que a tônica em pauta é o processo de inclusão social. Para isso, utilizamos como base as produções de Gugel (2007) e Fernandes, Schlesener e Mosquera (2011), além de contribuições de outros autores que produziram conhecimento sobre o tema.

1.1 Contexto histórico da deficiência

Entramos no século XXI e, ao pesquisar para a escrita deste capítulo, verificamos que, no que se refere às pessoas com deficiência intelectual, não obstante os avanços existentes, ainda há muito debate sobre terminologias e conceitos subjacentes a essa condição. Então, podemos nos perguntar: Em uma sociedade em pleno século XXI, isso seria positivo ou negativo? Temos material na literatura para considerar as duas condições, mas o convidamos a entender como positivo, como avanço, pois tudo aquilo que nos leva para esferas mais humanas e menos estigmatizantes é, indiscutivelmente, um avanço.

Parece-nos esperado, embora nem sempre adequado, que qualquer descrição que se refira a uma pessoa ou a um grupo de pessoas com características diferentes das expectativas sociais traga em si proporções comparativas. As terminologias adotadas nessas descrições classificatórias acabam por denunciar depreciação de valor às pessoas diferenciadas por uma funcionalidade aquém da expectativa vigente em dada sociedade ou cultura. Não é necessário que seja assim. Talvez, quem sabe, nos primórdios da humanidade, mas não nos séculos XX e XXI. E, de fato, já no século XIX começaram a aparecer estudos que buscaram compreender e explicar essas diferenças, o que veremos no próximo tópico.

A trajetória que a pesquisa histórica nos revela é de luta! É notório que o indivíduo com deficiência sempre sofreu preconceitos e sempre precisou lutar pelo direito à existência, pelo direito à qualidade de vida e pelo direito à cidadania.

Nessa perspectiva, quando pretendemos entender o contexto histórico da deficiência, devemos levar em conta que a história registra o ser humano em diferentes momentos de sua construção social. Assim, o homem é registrado observando, relacionando-se com e pensando sobre o indivíduo com deficiência, sobre as deficiências (com todas as suas implicações) e sobre suas próprias deficiências. E isso ele faz como lhe é possível. Assim, podemos inferir que o que está subjacente às diferentes formas de entender e se relacionar com o indivíduo que opera diferentemente da maioria das pessoas, nesta obra aludido como *deficiente*, são as múltiplas concepções, pessoais, sociais ou outras, referentes a determinados períodos históricos de certa cultura.

Historicamente, a forma de pensar o indivíduo com deficiência passou por várias fases, como o abandono, o extermínio, a superproteção, a segregação, a integração e, atualmente, o tão necessário e controverso processo de inclusão. Portanto, conhecer o contexto histórico da deficiência como uma construção social tem sua importância para compreender o *background* no qual os conceitos se estabeleceram e se estabelecem, possibilitando ao estudioso do assunto ir além na compreensão desses conceitos e, em consequência, entender melhor a necessidade de políticas públicas **adequadas** e de serviços de atendimento **eficazes** a essa população.

Logo, podemos concluir que teoria, políticas públicas e prática precisam andar juntas.

1.1.1 O contexto primitivo e o abandono

Como é de se esperar, não existem muitas informações concretas sobre o comportamento do homem primitivo com relação às pessoas que funcionavam diferentemente, ou às próprias limitações, ou às suas habilidades (que estavam sendo descobertas quando desafiado pelo ambiente ou por suas necessidades físicas e psíquicas). Possivelmente, tratava-se de uma relação de estranheza, apenas. Ainda, podemos supor que, pelas condições ambientais desafiadoras, nas quais os primeiros grupos humanos tinham de enfrentar as intempéries climáticas e a falta de abrigo e de comida, essas pessoas não sobreviviam. Também não sabemos como o homem primitivo pensava a morte. O fato é que só os mais fortes sobreviviam e, provavelmente, certas tribos desfaziam-se das crianças com deficiência.

Em seu texto *A pessoa com deficiência e sua relação com a história da humanidade*, escrito para a Associação Nacional dos Membros do Ministério Público de Defesa dos Direitos dos Idosos e Pessoas com Deficiência (Ampid), Gugel (2007) relata que "não se têm indícios de como os primeiros grupos de humanos na Terra se comportavam em relação às pessoas com deficiência. Tudo indica que essas pessoas não sobreviviam ao ambiente hostil da Terra" (Gugel, 2007). No entanto, segundo a pesquisa dessa autora, "há mais ou menos dez mil anos, quando as condições físicas e de climas na Terra ficaram mais amenas, os grupos começaram a se organizar para ir à caça e garantir o sustento de todos" (Gugel, 2007). Isso impôs aos grupos de humanos mudanças relacionais ditadas pela realidade do momento.

A conquista do alimento era uma ação coletiva e direcionada ao suprimento do coletivo. Tudo era muito desafiador: o espaço, o clima, as relações. Nesse contexto, apareceram os primeiros sinais de inteligência, que começaram a ser revelados quando alguns integrantes do grupo passaram a observar o ambiente intencionalmente, curiosamente, interpretando-o e percebendo possibilidades de mudanças ou adaptações. O homem começou a modificar o ambiente para garantir sua sobrevivência, ou seja, a sobrevivência do grupo, pois já haviam percebido que em grupo tinham mais oportunidades.

Conforme Gugel (2007), "os estudiosos concluem que a sobrevivência de uma pessoa com deficiência nos grupos primitivos de humanos era impossível porque o ambiente era muito desfavorável e porque essas pessoas representavam um fardo para o grupo".

1.1.2 A eliminação na Grécia

Na civilização grega (aprox. 460 a.C.), a literatura aponta que a eliminação das crianças com deficiência era comum, e os filósofos mais famosos da época justificavam essa necessidade. *A república*, de Platão, e *A política*, de Aristóteles, revelam vários indicadores de como eram as relações da sociedade com os deficientes.

Para Sant'Anna (2013), no Capítulo IV de *A república*, por exemplo, Platão, segundo o contexto que privilegia o planejamento para o bom funcionamento das cidades, debate-se com a questão do surgimento da justiça, ou seja, aquilo que seria bom para a sociedade e para o indivíduo. Nos diálogos de

Platão desse capítulo, é possível observar que o princípio agregador dos homens era a necessidade de sobrevivência, e com base nisso acontecia a organização das cidades. Os homens juntavam-se para dividir as tarefas de acordo com suas habilidades individuais. Nessa perspectiva, uma vez que cada um realizasse sua tarefa, todas as necessidades do grupo seriam supridas. Portanto, se partirmos dessa premissa, era tranquilo e conveniente aos gregos, ao tratarem do planejamento de suas cidades, relacionar as pessoas com deficiências para a eliminação (Sant'Anna, 2013).

Se a eliminação era prescrita, então, como ela ocorria?

Acredita-se, pelos relatos baseados em fragmentos históricos, que era por **abandono** ou por **exposição**. Ainda se cogita que as crianças eram atiradas em precipícios, do alto de alguma montanha.

A esse respeito, convém destacarmos a citação famosa e lamentável de Platão: "Sim. Pegarão então os filhos dos homens superiores, e levá-los-ão para o aprisco, para junto de amas que moram à parte num bairro da cidade; os dos homens inferiores, e qualquer dos outros que seja disforme, escondê-los-ão num lugar interdito e oculto, como convém" (Platão, 2001, p. 112).

Assim como Platão, Gugel (2007) aponta que também Aristóteles preocupava-se com o tema. Discutia o tamanho das propriedades e sua importância para a segurança do Estado, enfatizando a necessidade de limitar o número de filhos para evitar problemas sociais. Para que não houvesse o empobrecimento, por exemplo, Aristóteles achava por bem legislar para garantir que nenhuma criança deficiente sobrevivesse, estabelecendo a necessidade do infanticídio (Gugel, 2007).

Esparta é um exemplo de eliminação entre os gregos, muito bem retratado no início do filme *Trezentos* (2007). Neste, a justificativa era a necessidade de sobrevivência aos ataques bárbaros na fronteira. Assim, a cultura estribava-se na arte da guerra. O lema, e não conheciam outro, era defender seus territórios a qualquer preço. Pelos costumes espartanos, os nascidos com deficiência eram eliminados; só os fortes sobreviviam para servir ao exército de Leônidas. Observem que, logo no início do filme citado, um bebê está sendo levado à beira de um precipício para ser avaliado para a vida ou para a morte.

1.1.3 A integração no Antigo Egito

Segundo Lopes (2013), o Antigo Egito (1.500 a.C.), conhecido como *a terra dos cegos*, disseminava uma visão diferente sobre os deficientes, talvez por conviverem habitualmente com algumas deficiências e pela influência de suas crenças e tradições (casamentos consanguíneos, por exemplo). Não eliminavam os recém-nascidos como os gregos, nem isolavam as pessoas com deficiência. A descoberta do famoso Papiro de Ebers – documento que mostra o avanço da medicina entre os antigos egípcios e que hoje faz parte do acervo da biblioteca da Universidade de Leipzig – e de outros documentos e artefatos arqueológicos indica que há mais de cinco mil anos, no Antigo Egito, existia aceitação, respeito e integração das pessoas com deficiência, principalmente aquelas com nanismo, cegueira (muito frequente por conta das infecções nos olhos) e deficiências físicas. Tais pessoas, inclusive, apareciam integradas nas diferentes classes sociais da época, exercendo funções de relativa importância, bem como constituindo família (Lopes, 2013).

1.1.4 O abandono em Roma

Relatos históricos nos trazem informações de que as crianças que nasciam com deformidades físicas em Roma sofriam rejeição e eram mortas por afogamento, muitas vezes na hora do parto. Havia, inclusive, leis que permitiam aos pais eliminar seus filhos deficientes, embora nem todos o fizessem. Consta que alguns pais preferiam abandonar seus filhos deficientes em cestos no Rio Tibre (o que eles chamavam de *exposição*). O que acontecia com essas crianças (malformadas, ou consideradas aberrações) depois de expostas? Conforme Silva (1986), após expostas em cestinhas enfeitadas com flores nas margens do Rio Tibre, eram recolhidas por escravos e famílias plebeias mais pobres (que viviam de esmolas). Assim, eram criadas por essas famílias para mais tarde ser usadas como pedintes, a fim de explorar os romanos atormentados por culpas, os quais davam generosas esmolas (Silva, 1986).

O **cristianismo**, que surgiu no auge do Império Romano, abalou as concepções romanas e do mundo conhecido na época. Ao pregar o amor de uma forma contundente, o advento do cristianismo deu esperanças às classes menos favorecidas e oportunizou a misericórdia aos grupos mais abastados. Muitas práticas desumanas foram combatidas, principalmente aquelas de eliminação dos filhos com deficiência.

Mas não foi só o cristianismo que promoveu mudanças nas condutas dos romanos diante das deficiências. A própria guerra trouxe de volta para Roma muitos de seus soldados mais valorosos feridos e amputados. Essa realidade deu início a um sistema de atendimento precário, mas similar ao que entendemos hoje como atendimento hospitalar. Nesse contexto, surgiram os primeiros hospitais de caridade, que atendiam feridos e abrigavam indigentes, pessoas com deficiência, feridos e amputados e que deram início a um sistema de atendimento hospitalar (Gugel, 2007).

1.1.5 À margem da sociedade na Idade Média

A Idade Média iniciou-se com a Queda do Império Romano do Ocidente (476 d.C.) e terminou durante a transição para a Idade Moderna (entre os séculos V e XV), com a Tomada de Constantinopla (1453 d.C.). É sabido e amplamente divulgado na literatura e em filmes que, nesse período, as condições de vida e de saúde das pessoas eram muito precárias.

Por outro lado, historiadores do século XX constataram que o **desenvolvimento cultural e científico** durante a Idade Média foi muito rico.

Nesse cenário, apesar dos avanços científicos e técnicos (basta observarmos a arquitetura da época), a pessoa com deficiência era tida como vítima dos pecados de seus pais, um castigo da parte de Deus para eles. Santos (2012, p.14) aponta que "a Idade Média representa a efetiva quebra do vínculo entre deficiência e o sagrado, nos moldes da antiguidade clássica, e passa a ser encarada como uma questão de conduta ética e espiritual". A autora também registra que as pessoas eram dominadas por superstições. Seus pensamentos revelavam convicções sobrenaturais de que poderes malignos habitavam as mentes e os corpos das crianças que nasciam com defeitos. Dessa forma, elas eram separadas de suas famílias e usadas como entretenimento para os mais abastados, que se divertiam com os anões, os corcundas e os deficientes mentais (Bonfim, 2009).

Ainda sobre a situação das pessoas com deficiência na Idade Média, Braddock e Parish (2001, citados por Bonfim, 2009, p. 27), relatam resumidamente:

> A Idade Média foi notável pelas crenças contraditórias sobre a deficiência. Uma concepção comum era a de que algumas deficiências, particularmente epilepsia, surdez e deficiências mentais tinham origens demonológicas. Esse ponto de vista contribuiu para a perseguição de pessoas com deficiências como se fossem bruxas e o uso de poções mágicas na tentativa de curar as condições incapacitantes. Uma segunda concepção era a de que as pessoas com deficiência eram um aspecto do curso natural da vida, situadas no universo das pessoas pobres e sujeitas à devastação aleatória ocasionada pelas pragas na Europa.

Há muitos relatos a respeito da condição das pessoas com deficiência na Idade Média e sob várias perspectivas. Eles nos fornecem dados para concluir que a sociedade medieval não as eliminava sumariamente, como ocorria na Antiguidade Clássica, porém, relegava essas pessoas a um papel de insignificância, condenando-as a um lugar à margem da sociedade.

1.1.6 O início da mudança de pensamento na Idade Moderna

A Idade Moderna é um período da história que ocorreu de 1453 d.C. (século XV), com a Tomada de Constantinopla, a 1789 d.C. (século XVIII), com a Revolução Francesa. Esse período se caracteriza por um contexto dinâmico riquíssimo de novas ideias.

Entre meados do século XIV até o século XVI, temos o período da história da Europa chamado **Renascimento**. Nele, houve uma grande explosão de novidades nas artes, na música e nas ciências, caracterizadas pelo pensamento humanista. As transformações foram muitas e extraordinárias, mudando a concepção de mundo. Ainda assim, a sociedade mantinha-se limitada para entender a pessoa com deficiência como um ser humano, com limitações e competências, como qualquer outro.

Gugel (2007) afirma que, nesse período, aconteceram várias ações para atender as pessoas com deficiência. Eram ações isoladas, como a do médico e matemático Gerolamo Cardomo (1501-1576), inventor de um código para ensinar pessoas surdas a ler e escrever, e como a do monge beneditino Pedro Ponce de Leon (1520-1584), que desenvolveu um método de educação para pessoas surdas por meio de sinais. Tais iniciativas contrariavam o pensamento da sociedade da época, que não acreditava que pessoas surdas pudessem ser educadas. O pensamento vigente na Europa do século XV ainda era de que doentes mentais, por exemplo, não tinham humanidade, eram possuídos por espíritos malignos e/ou vítimas de bruxaria (Gugel, 2007).

Sobre esse período, Kassar (1999) discorre que, em alguns lugares, pessoas pobres e com deficiências se reuniam e/ou eram usadas para mendigar. Há, também, relatos de que nem todos os pobres e todas as pessoas com deficiência que mendigavam eram "verdadeiros". "Muitos falsos 'deficientes' reuniam-se para mendigar para organizações que os exploravam dividindo lucros e fazendo cobranças de taxas entre os participantes do grupo" (Kassar, 1999, p. 4).

Os dois últimos séculos da Idade Moderna (séculos XVII e XVIII) foram marcados por considerável desenvolvimento no atendimento às pessoas com deficiência. Gugel (2007) nos remete a um panorama extraordinário. Os hospitais, que na época se assemelhavam mais a prisões, começaram a oferecer tratamento aos mutilados das guerras e às pessoas cegas e surdas, as quais eram numerosas. A cegueira e a surdez, por nascença ou adquiridas, acometiam grande parcela da população da época, inclusive muitas pessoas de destaque na sociedade, como poetas, físicos, matemáticos e astrônomos, entre os quais Luís de Camões (o poeta de *Os lusíadas*), John Milton (escritor de *Paraíso perdido*), Galileo Galilei (físico, matemático e astrônomo) e Johannes Kepler (astrônomo alemão), todos cegos que continuaram ativos e desenvolvendo seus trabalhos e suas pesquisas (Gugel, 2007).

A **Revolução Industrial**, iniciada no século XVIII, colocou em pauta as questões de habilitação e reabilitação, para o trabalho, da pessoa com deficiência. O trabalho em condições diversas começou a ocasionar acidentes e doenças próprias das profissões, favorecendo a criação do Direito de Trabalho e de um sistema de seguridade social mais eficiente.

Tílio (2007, p. 197) aponta Philippe Pinel como um marco no campo das doenças mentais: "Philippe Pinel propõe que indivíduos com perturbações mentais deveriam ser tratados como doentes, ao contrário do que acontecia até então, quando eram tratados com violência e discriminação".

Na Idade Moderna, os conhecimentos no campo biológico sobre as deficiências se ampliaram e se aprofundaram, envolvendo a participação da classe médica na reabilitação dos deficientes. Começou-se, também, a se demonstrar preocupação com a educação dessas pessoas. Mazzotta (2005, p. 17) discorre que "foi principalmente na Europa que os primeiros movimentos pelo atendimento aos deficientes, refletindo mudanças na atitude dos grupos sociais, se concretizaram em medidas educacionais".

1.1.7 O progresso no tratamento nos séculos XIX e XX

Como era de se esperar, os séculos XIX e XX, em razão dos reflexos das ideias humanistas da **Revolução Francesa**, foram marcados por várias e eficientes iniciativas no atendimento às pessoas com deficiência, o que revela uma tendência de progresso relativa ao conceito das deficiências e a como tratar essas pessoas. Nesse período, iniciaram-se os estudos sobre as deficiências de forma específica e especializada, além dos hospitais e abrigos que já existiam.

Os feridos de guerra impuseram aos Estados Unidos e à Alemanha a necessidade de investimento em reabilitação. Sobre esse cenário, Ferreira (2019) comenta que, na Europa, as

> reabilitações dos mutilados de guerra ganharam peso sob o comando de Napoleão Bonaparte e pelo Chanceler alemão Otto Von Bismark, sendo que este último, em 1884 constituiu o que seria a primeira lei direcionada aos deficientes, conhecida como lei de obrigação à reabilitação e readaptação no trabalho.

Essa conscientização só eclodiu em 1884, com o chanceler alemão Otto Von Bismark e com Napoleão Bonaparte. Eles determinaram que os ex-soldados feridos que ainda fossem úteis deveriam ser reabilitados para, assim, continuar a servir o exército em outras atividades que não as batalhas.

Um dos avanços mais marcantes do século XIX foi a criação do sistema de escrita para pessoas cegas, o braile, por Louis Braille (1809-1852), o qual é utilizado até os dias atuais.

No Brasil, dois institutos importantes foram criados pelo Imperador Dom Pedro II (1840-1889): o Imperial Instituto dos Meninos Cegos (atualmente Instituto Benjamin Constant), por meio do Decreto Imperial nº 1.428, de 12 de setembro de 1854; e o Imperial Instituto de Surdos Mudos (atualmente Instituto Nacional de Educação de Surdos – Ines), em 26 de setembro de 1857. Este último, de iniciativa do professor francês Hernest Huet, atendia pessoas surdas de todo o país.

O século XX foi notoriamente marcado por um período de mudanças. Importantes avanços tecnológicos aconteceram, mas também grandes massacres e guerras. As duas grandes guerras mundiais impulsionaram o desenvolvimento da reabilitação científica para suprir as necessidades dos soldados mutilados, os quais precisavam de um sustento e de adequações para sua vida social. No entanto, o que nos interessa no momento é que também as pessoas com deficiência foram beneficiadas por tais avanços.

Conforme Fernandes, Schlesener e Mosquera (2011), os instrumentos que já vinham sendo utilizados – cadeira de rodas, bengalas, sistema de ensino para surdos e cegos, entre outros – foram aperfeiçoando-se. A sociedade mudou de paradigmas e, apesar de sofrer sucessivas guerras, organizou-se coletivamente para enfrentar os problemas e para melhor atender as pessoas com deficiência.

No começo do século XX até aproximadamente 1912, na Europa, muitas das pessoas com deficiências moravam em abrigos. Nesse período, houve uma mudança no pensamento concernente ao atendimento a essas pessoas. Começaram a se formar organizações voltadas para preparar a pessoa com deficiência, a fim de que esta pudesse contribuir socialmente e fosse integrada à sociedade.

Em 1919, após a **Primeira Guerra Mundial** (1914-1918), centrada basicamente na Europa, foi criada a Organização Internacional do Trabalho (OIT). Existente até os dias atuais, trata-se de um organismo internacional para a reabilitação das pessoas para o trabalho no mundo, inclusive das pessoas com deficiência.

Gugel (2007) enfatiza que a ocorrência da **Segunda Guerra Mundial** (1939-1945) marcou o mundo para sempre. O alemão Hitler faz do Holocausto o horror da humanidade, eliminando milhares de judeus, ciganos e pessoas com deficiência. O autor descreve esse cenário da seguinte forma:

> A Segunda Guerra Mundial, ocorrida de 1939 a 1945, liderada pelo alemão Hitler, assolou e chocou o mundo pelas atrocidades provocadas. Sabe-se que o Holocausto eliminou judeus, ciganos e também pessoas com deficiência. Estima-se que 275 mil adultos e crianças com deficiência morreram nesse período, e outras 400 mil pessoas suspeitas de terem hereditariedade de cegueira, surdez e deficiência mental foram esterilizadas em nome da política da raça ariana pura.
>
> O triste desfecho da guerra, quando os Estados Unidos lançaram bombas nucleares sobre Hiroshima e Nagasaki, foi devastador e matou 222 mil pessoas, deixando sequelas nos sobreviventes civis. (Gugel, 2007)

Ao término da Segunda Guerra Mundial, a Europa tinha um panorama catastrófico. Devastadas, suas cidades precisavam ser reconstruídas, e as pessoas, atendidas em suas necessidades mais básicas. Muitos órfãos necessitavam de abrigo e de assistência, e os adultos sobreviventes, de tratamento médico e de reabilitação em razão das sequelas de guerra.

Nesse contexto, foi criada a Organização das Nações Unidas (ONU), em 1945, em Londres, para encaminhar, com todos os países-membros, as soluções dos problemas que assolavam o mundo. Os temas centrais foram divididos entre as agências: Organização das Nações Unidas para Pessoas com Deficiência (Enable), Organização das Nações Unidas para a Educação, Ciência e Cultura (Unesco), Fundo das Nações Unidas para a Infância (Unicef) e Organização Mundial da Saúde (OMS).

Em 1948, ainda sob o choque dos resultados das atrocidades cometidas durante a Segunda Guerra Mundial, a comunidade internacional reuniu-se na sede da ONU, em Nova York, e elaborou a Declaração Universal dos Direitos Humanos, proclamada pela Assembleia Geral das Nações Unidas (Resolução n. 217 A III), em 10 de dezembro 1948. No seu Artigo 25, a declaração contempla a pessoa com deficiência e seus direitos para uma vida digna.

Depois disso, todos os países começaram a desenvolver pesquisas para aperfeiçoar os equipamentos que favorecessem a mobilidade, a adaptação e a integração das pessoas com deficiência à sociedade.

1.1.8 A deficiência intelectual no contexto brasileiro e a Lei n. 13.146/2015

No Brasil, o atendimento aos alunos com deficiências começou a se organizar no início do século XVI e vem se desenvolvendo e se adequando até os dias atuais, seguindo, como era de se esperar, um viés cultural.

Aos pousarmos nosso olhar sobre o desenvolvimento da educação especial no Brasil desde os tempos coloniais, temos de admitir que, nesse primeiro período, os deficientes e suas necessidades passavam despercebidos pela sociedade, em uma condição de invisibilidade.

A questão educacional para os deficientes, no século XVI, durante a colonização do país, e até o início do século XX, concentrava-se basicamente no treinamento de habilidades manuais. O conceito de deficiência era regido pelo **modelo médico**, responsável pela criação e manutenção dos asilos e das classes anexas aos hospitais psiquiátricos. Esse modelo dominou até meados de 1930, quando sofreu mudanças gradativas pela influência dos movimentos da psicologia e da pedagogia. Nesse momento, merecem destaque educadores como Norberto Souza Pinto e Helena Antipoff, pessoas comprometidas com a educação dos alunos com deficiências (Jannuzzi, 2004).

> **Preste atenção!**
>
> Norberto Souza Pinto (1895-1968) nasceu em Campinas (SP) e diplomou-se primeiramente professor normalista, em 1917. Além de educador e psicólogo, Souza Pinto destacou-se significativamente no jornalismo. Sua trajetória destaca-se por seu interesse pela educação das crianças "anormais", assim denominadas por ele. Nas primeiras décadas deste século, foi considerado pioneiro e inovador nesse ramo de ensino.

> Helena Wladimirna Antipoff (1892-1974) foi uma psicóloga e pedagoga de origem russa, que, depois de obter formação universitária na Rússia, em Paris e em Genebra, fixou-se no Brasil a partir de 1929, a convite do governo do estado de Minas Gerais, para a operacionalização da reforma de ensino conhecida como Reforma Francisco Campos-Mário Casassanta. Pesquisadora e educadora da criança com deficiência, foi pioneira na introdução da educação especial no Brasil, onde fundou a primeira Sociedade Pestalozzi, que deu início ao movimento pestalozziano brasileiro, o qual conta atualmente com cerca de 100 instituições. Seu trabalho no Brasil é continuado pela Fundação Helena Antipoff.

Na década de 1960, o que tivemos de mais notório foi a criação da primeira **Lei de Diretrizes e Bases da Educação Nacional** (LDBEN), que foi debatida e elaborada no contexto de redemocratização do país, logo após a queda do Estado Novo (1937-1945). Foi promulgada por João Goulart somente em 20 de dezembro de 1961, por intermédio da Lei n. 4.024 (Brasil, 1961). Passou por duas reformulações, implementadas pelas Leis n. 5.692/1971 e n. 9.394/1996.

No tocante à educação especial, a LDBEN de 1961 previa que os alunos com deficiências estivessem inseridos no ensino regular. Porém, para garantir que não atrapalhariam o andamento das classes comuns, serviços especiais eram sugeridos e ofertados caso não existissem possibilidades de inserção desse alunado nas salas regulares. Portanto, a lei abria uma oportunidade de integração, porém não se acreditava que os alunos com deficiência alcançassem os resultados esperados. A exclusão já estava prescrita junto à possibilidade.

No Brasil, podemos notar uma evolução mais significativa da educação especial a partir de 1970. A década foi considerada por Jannuzzi (2004) um momento importante. Nesse período, foi criado o Centro Nacional de Educação Especial (Cenesp), posteriormente transformado em Secretaria da Educação Especial (Seesp), em 1973. A Seesp foi o primeiro órgão federal de política específica para o ensino do deficiente. A pedagogia, na época, ressaltava a integração ou a normalização da deficiência, ou seja, a pessoa com deficiência era inserida nas escolas regulares para que se adaptassem. Em 1985, foi criada a Coordenação Nacional para a Integração da Pessoa com Deficiência (Corde), ampliando a visão e as ações do Cenesp. Um dos diferenciais do Corde foi oportunizar a participação dos deficientes em suas decisões. Na década de 1990, com o advento da Declaração de Salamanca, o governo concebeu o Conselho Nacional dos Direitos da Pessoa com Deficiência (Conade), com o intuito de facilitar a comunicação entre sociedade civil e governo. Isso aconteceu apenas em parte, uma vez que a educação especial continuava como um sistema de ensino paralelo ao ensino comum (Jannuzzi, 2004).

No ano 2000, final do século XIX e início do século XXI, começaram as mudanças mais significativas. Víamos nas escolas um despertar para a valorização da **prática docente competente**, isto é, uma prática que não centrasse esforços apenas nos aspectos técnicos pedagógicos, mas que também observasse as diferenças na aprendizagem dos alunos. Passou-se a valorizar o ensino que atendesse, também, às "necessidades especiais" de cada um. Nesse cenário, os avanços tecnológicos e os direitos conquistados por vários setores importantes para a dignidade e o bem-estar do homem dividiam espaço com as desigualdades sociais, o que, se fizermos uma análise mais profunda, poderia colocar em risco as conquistas já realizadas.

Na atualidade, a educação especial é parte integrante de uma educação para todos. Nesse contexto, lutamos contra o preconceito e por ações que efetivem a conquista da equidade na educação. O marco principal dessa conquista é a Lei n. 13.146, de 6 de julho de 2015, que institui o **Estatuto da Pessoa com Deficiência**, com base na Convenção sobre os Direitos das Pessoas com Deficiência e seu Protocolo Facultativo, cujo objetivo é assegurar e promover o exercício dos direitos e das liberdades fundamentais das pessoas com deficiências (Brasil, 2015). São duas as normas que deram ensejo à Lei n. 13.146/2015: a Constituição da República Federativa do Brasil e a Convenção da ONU sobre os Direitos das Pessoas com Deficiência.

Nesse contexto, um dos resgates postos pela Lei n. 13.146/2015 é o da dignidade da pessoa com deficiência. Esse resgate é processual e, nos dias atuais, deve ser analisado sob o ponto de vista da inclusão social, considerando que o objetivo maior da humanidade é garantir a dignidade da pessoa humana, um ser, por natureza, social. Na Constituição vigente, art. 1º, inciso III, podemos entender que a dignidade da pessoa humana é princípio-base dos direitos humanos (Brasil, 1988).

Segundo o entendimento de Sarlet (2011, p. 73):

> É ela, a dignidade, o primeiro fundamento de todo o sistema constitucional posto e o último arcabouço da guarida dos direitos individuais. A isonomia serve, é verdade, para gerar equilíbrio real, porém visando a concretizar o direito à dignidade. É a dignidade que dá a direção, o comando a ser considerado primeiramente pelo intérprete.

Nessa perspectiva, a Lei n. 13.146/2015 constitui-se um sistema normativo inclusivo, que valoriza a dignidade da pessoa humana e, portanto, precisa ser respeitada e cumprida. São vários níveis em que a dignidade da pessoa com deficiência é priorizada nesse documento. Vejamos alguns:

Criação do Cadastro-Inclusão: funcionará nos moldes do Cadastro do Sistema Único de Saúde. Coordenado pela Secretaria de Direitos Humanos, reunirá informações das pessoas com deficiência para que o governo federal tenha um banco de dados completo sobre esse público e possa elaborar políticas públicas com mais efetividade.

Mudança na avaliação de pessoas com deficiência que reivindicam benefícios e direitos sociais: até o ano passado, essa avaliação era feita apenas por um profissional médico. Agora, com a lei, é necessário que esse trabalho seja executado por uma equipe multidisciplinar, composta por diferentes profissionais, que levem em conta, além da deficiência, aspectos como a realidade social, as barreiras enfrentadas pela pessoa que reivindica o benefício e fatores psicológicos.

Proibição de práticas discriminatórias: qualquer prática que discrimine a pessoa com deficiência passa a ser proibida. Agora, uma escola que quiser cobrar mensalidade mais cara de alunos com deficiência, além de proibida, estará sujeita a punição.

Punição agravada em caso de apropriação de benefícios: a LBI considera crime se apropriar de cartões de benefícios sociais ou previdenciários para receber em nome da pessoa com deficiência. E a pena é aumentada em um terço quando quem comete o crime é o cuidador.

Punição por abandono: abandonar a pessoa com deficiência em hospitais, casas de saúde e abrigos também é considerado crime, independentemente da idade de quem sofre o abandono.

Multa mais cara: estacionar indevidamente em vaga reservada para pessoa com deficiência ficará mais caro. O valor da multa deverá ser sinalizado na vaga.

Auxílio-inclusão: quando for regulamentado, favorecerá a inclusão de pessoas com deficiência beneficiárias da assistência social no mercado de trabalho.

Acessibilidade: fica garantida nos processos seletivos para acesso ao ensino superior e para aquisição de carteira de habilitação. Nesse último caso, também fica obrigatória a presença de intérprete de Libras quando houver a necessidade.

Acesso: projetos e construções de edificação de uso privado multifamiliar, como condomínios, devem obrigatoriamente atender aos preceitos de acessibilidade e garantir percentual mínimo de unidades internamente acessíveis.

Facilitador: A LBI autoriza pessoas com deficiência a sacarem recursos do FGTS para compra de órteses e próteses. (Mais de 100..., 2016, grifo nosso)

Por fim, além do cumprimento dessa lei, avanços significativos só acontecerão no decorrer dos próximos anos se a população conscientizar-se sobre seus direitos e deveres e se houver o envolvimento dos poderes Legislativo e Judiciário na criação de políticas públicas que viabilizem os direitos humanos fundamentais, sem nenhum tipo de distinção.

1.2 Terminologias e concepções referentes à deficiência intelectual

Estamos no século XXI e ainda se fazem necessárias e enfáticas discussões e reflexões sobre a condição da pessoa com deficiência. A verdadeira reflexão inicia-se longe da academia, nos lares de famílias que têm uma criança, um adolescente ou um adulto com deficiência intelectual, nas escolas, regulares ou especiais, em que essas pessoas estão inseridas. É na realidade, e não na academia, embora esta tenha sua devida importância, que verdadeiramente observamos a pessoa com deficiência intelectual com suas muitas possibilidades, e não apenas com suas limitações.

Pensar e viver o mundo e no mundo segundo as normas sociais vigentes na atualidade pode ser muito difícil para o deficiente intelectual e, consequentemente, para sua família. Mas é a sociedade que normatiza o desenvolvimento humano conforme padrões esperados, fornecendo àqueles que fogem à regra categorizações e diagnósticos enfaticamente limitantes. Os conceitos e as práticas atuais disponíveis à pessoa com deficiência intelectual são assim, limitantes e excludentes. Historicamente, tais conceitos os configuram como sujeitos incapacitados e infantilizados para sempre.

Depois de 22 anos de experiência como professora e psicóloga de crianças e adolescentes com deficiência intelectual, posso ousar e fazer esta pergunta: Será que ainda precisamos discutir os conceitos e as práticas educacionais para os deficientes intelectuais ou já estaria na hora de fazer uma prática educacional mais contextualizada e reflexiva?

Amparada pela experiência, acredito que, de fato, de nada adianta discutir e fazer reflexões teóricas se as inferências resultantes não servirem para gerar políticas públicas que favoreçam o atendimento de qualidade e equânime a esses indivíduos, bem como para possibilitar uma prática mais próxima da realidade, significativa e respeitosa, que agregue sentido à existência dessas pessoas.

Assim, precisamos ter um olhar positivo, que valorize o sujeito em suas capacidades, que invista em seu desenvolvimento segundo as relações com o meio no qual vive e transita, em que haverá sempre um movimento. Só assim poderemos ver um despertar das melhores possibilidades para o autoconhecimento, a autorregulação e a autonomia.

Então, do que necessitamos nesse processo reflexivo para que o discurso não caia no vazio? Com certeza, as reflexões devem levar em conta que a construção de conceitos e crenças sobre a pessoa com deficiência e sua condição foi desenvolvida historicamente. Portanto, tais pensamentos devem ser analisados criticamente sob uma perspectiva sócio-histórica e com base em premissas científicas, uma vez que, acreditamos, o pensamento "achista", baseado na intuição, nas crenças e nos mitos, já foi superado.

A esse respeito, Dias e Oliveira (2013, grifo do original) observam:

> As manifestações da deficiência podem ser classificadas em três grandes grupos: deficiência **física**, deficiência **sensorial** e deficiência **intelectual**. Em cada um deles existem especificidades que são definidas por um conjunto de fatores interligados, tais como a estrutura da própria deficiência,

a constituição orgânica e subjetiva da pessoa, assim como suas vivências e condições socioambientais. [...] Comparada às deficiências motoras, sensoriais e de comunicação, a deficiência intelectual encontra-se em situação peculiar, tanto devido à invisibilidade inerente ao indivíduo não sindrômico, como pelas representações sociais dominantes que, ao passo que atribuem à pessoa com deficiência intelectual uma cognição infantil, contribuem para lhes excluir do direito a uma vida adulta autônoma e cidadã.

Nesse contexto, torna-se de suma importância saber de quem estamos falando. Assim, vamos fazer uma rápida passagem pelo mundo dos conceitos e dos termos utilizados para se referir a essas pessoas.

Conforme Rizzini e Menezes (2010), ao longo da história, tentou-se nomear e definir **deficiência intelectual**, mas a expressão continua sendo bastante discutida ainda hoje por especialistas da área, já que é carregada de preconceitos e de uma complexidade científica e sociocultural bastante considerável.

Ainda hoje podemos observar, na prática clínica e escolar, muitas famílias e até alguns profissionais reagirem com certo desconforto quando usamos a expressão *deficiência intelectual*, pois não é raro confundi-la com **deficiência mental**, oriunda do campo das doenças mentais e da psiquiatria, mas que foi por muito tempo utilizada para o deficiente intelectual – e, portanto, associada ao indivíduo com uma doença mental (a temida loucura), com todos os seus estigmas.

A natureza da deficiência intelectual é uma discussão que antecede a da terminologia, e nesta também não há consenso. Conforme discorrem Medeiros e Diniz (2004), "há dois modelos que intentam ancorar esta questão: o primeiro é o modelo médico, com sua orientação organicista e o segundo o modelo social com seu enfoque relacional, do sujeito com seu meio".

Sobre o modelo médico, podemos dizer que historicamente foi o responsável pela associação entre *deficiência mental* e **doença mental**. O paradigma era o da diferença pela falta, da limitação, da incapacidade e da doença. Não levava em consideração possibilidades de desenvolvimento e trazia implícita a ideia de que o sujeito era "estragado", de que precisava ser consertado se isso fosse possível. Nessa perspectiva, as oportunidades para o sujeito com deficiência intelectual eram muito restritas, cabendo-lhes ser tratados em instituições como hospitais e hospícios.

Como segundo modelo que discute a natureza da deficiência, temos o **modelo social**, que, em oposição ao paradigma biomédico, concebe *deficiência* como resultado das interações pessoais, ambientais e sociais da pessoa. Tira o foco das limitações próprias da deficiência e abre um leque de possibilidades para o sujeito, que, sob esse ponto de vista, é passível de desenvolvimento. Segundo Rizzini e Menezes (2010, p. 14), as pesquisas científicas começaram no início do século XIX:

> os estudos científicos sobre a deficiência mental iniciaram-se no século XIX. Anterior a esse período, os estudos eram inconsistentes no que tange à concepção e à caracterização da deficiência mental. Pinel foi o estudioso do século XIX responsável pela inclusão da deficiência mental no rol das doenças de natureza psicopatológica, acrescentando o idiotismo à categorização de alienação mental. No entanto, Pinel já identificava diferenças entre a deficiência mental e a loucura, concebendo aquela como "carência ou insuficiência intelectual" [...].

Muitas pesquisas, muitos debates e muitas reflexões ocorreram sobre o tema durante o século XIX, e chegamos ao final dele com a concepção de deficiência mental em uma perspectiva **organicista**, caracterizada pelo atraso no desenvolvimento cognitivo.

No início do século XX, nasceu o conceito de **criança anormal**, expressão cunhada no campo psiquiátrico e esclarecida por Rizzini e Menezes (2010, p. 14):

> No início do século XX, a partir da conjugação do idiotismo com a loucura, surge o conceito de criança anormal.
>
> "Marcada por causas orgânicas, por estigmas físicos, considerada incurável, questionada enquanto doença, a idiotia custou mais a adquirir essa visibilidade nosográfica da psiquiatria. Nem por isso deixou de ser, desde o início, assimilada à alienação e à doença mental, quer nos discursos, quer nas práticas de enclausuramento. É este ponto que nos interessa: a institucionalização de idiotia pelo psiquiatra e que, por extensão, fez nascer no início do século XX a criança anormal" (Lobo, 1997:472).

Preste atenção!

Nosográfico refere-se à descrição ou classificação de doenças.

Quanto a essa abordagem, Silva e Coelho (2014) discorrem sobre três concepções de perspectivas médicas que, apesar de não terem sido as únicas, merecem destaque. São resultados dos trabalhos dos médicos Itard, Séguin e Montessori, os quais centraram suas pesquisas e seu trabalho na educação e no treino de competências das crianças com deficiência, assim como na modificação do meio ambiente que as rodeava, entendendo que este era fundamental para seu desenvolvimento. Ei-las:

> Itard apresentou duas teses, uma em 1801 e outra em 1806, que contribuíram para desencadear o debate médico, filosófico e pedagógico em torno de questões importantes para a época, tais como a ausência de filiação social destas pessoas e o sentido das aprendizagens escolares. [...]
> Séguin debatia-se por uma educação que ligasse o intelectual ao afetivo, [...]
> A partir do estudo das obras destes médicos-educadores, Montessori criou o seu próprio método de ensino para crianças pequenas, procedendo à elaboração de materiais de desenvolvimento, para o que privilegiou o recurso sistemático à manipulação de objetos concretos. A esta decisão não terá sido indiferente o trabalho que realizou com jovens dos arredores de Roma, identificadas com deficiência intelectual, relativamente às quais veio a comprovar que as suas dificuldades resultavam, sobretudo, da fraca estimulação sensorial que tinham tido ao longo da sua vida. (Silva; Coelho, 2014, p. 166-167)

Até meados do século XX, a concepção de *deficiência* da corrente biomédica foi cedendo lugar à concepção da **corrente psicológica**, de caráter psicométrico, decorrente do uso da escala de inteligência de Binet-Simon (1905), que estabelecia uma pontuação para definir se as pessoas eram mentalmente normais ou atrasadas (Gardou; Develay, 2005).

Mais para o final do século XX, intensificaram-se as tentativas de sistematizar o conceito de *deficiência mental* e, desde então, as principais e mais recentes mudanças acerca dessa definição foram realizadas pela American Association on Intellectual and Development Disability (AAIDD). A AAIDD (2010, p. 1) assim define *deficiência intelectual*: "It is disability characterized by limitations in intellectual functioning and adaptive behavior that involves conceptual, social and practical skills. This deficiency originates before age 18"[1].

As premissas nas quais a definição oficial da AAIDD está embasada são, segundo Carvalho (2016, p. 8), as seguintes:

a. as limitações no funcionamento individual devem ser consideradas nos contextos comunitários típicos da faixa etária e da cultura da pessoa;
b. a avaliação da deficiência intelectual deve considerar a diversidade linguística e cultural, além dos fatores comunicativos, sensoriais e motores da pessoa;
c. limitações coexistem com capacidades;
d. as limitações são identificadas objetivando a oferta de apoios necessários;
e. os apoios têm efeito positivo no funcionamento da pessoa com deficiência intelectual, considerando sua aplicação nos aspectos, intensidade e duração necessários.

A AAIDD (2010) defende que os contextos nos quais a pessoa vive, bem como a identificação e o provimento sistemático dos apoios de que necessita, são capazes de contribuir para seu desenvolvimento, sua aprendizagem, sua qualidade de vida,

---

[1] É a deficiência caracterizada por limitações no funcionamento intelectual e no comportamento adaptativo, que envolve habilidades conceituais, sociais e práticas. Essa deficiência origina-se antes dos 18 anos de idade. [tradução nossa]

seu bem-estar e sua participação social. Nessa perspectiva, Carvalho (2016, p. 8) afirma:

> a identificação dos apoios, considerando sua intensidade, frequência, duração e domínios de aplicação, deve fazer parte de quaisquer projetos e momentos da vida da pessoa, como catalizadores de suas funções, em diversas situações e ambientes: desenvolvimento humano, ensino-aprendizagem, família, vida comunitária, participação escolar, bem-estar pessoal, saúde, segurança, comportamento, saúde, relações interpessoais, dentre outros.

Apoios, nesse contexto, são definidos como "recursos e estratégias, que objetivam promover o desenvolvimento, a educação, os interesses e o bem-estar da pessoa e aprimorar seu funcionamento pessoal" (Edwards; Luckasson, 2002, citados por Carvalho, 2016, p. 9). Apesar de sua importância, não é nosso objetivo, neste capítulo, aprofundarmos discussões sobre os apoios, no entanto, aqueles que queiram saber mais sobre o assunto devem ampliar suas pesquisas.

Logo, podemos inferir, parafraseando Silva e Coelho (2014), pelos vários relatos de pesquisadores que se dedicaram a estudar esse percurso histórico da evolução dos conceitos da *deficiência intelectual*, que as designações de **atraso mental**, *deficiência mental* e *deficiência intelectual* atualmente cedem lugar ao conceito de **dificuldade intelectual e desenvolvimental**. Essa terminologia tende a ser aceita cada vez mais quando as limitações acentuadas de desenvolvimento são observadas na pessoa considerada em seu contexto sociorrelacional. Assim, podemos constatar, pelos relatos históricos, a evolução nas redefinições dos conceitos referentes à pessoa com deficiência intelectual.

Sem dúvida, um movimento social e científico em prol da adoção de termos menos estigmatizantes.

Nessa mudança de paradigmas, portanto, como já mencionamos, chegamos à expressão *dificuldade intelectual e desenvolvimental*, também conhecida pela sigla **DID**. Essa nova nomenclatura traz implícita a forma como entendem-se as limitações apresentadas pelos sujeitos em questão. Santos (2010, citado por Silva e Coelho, 2014, p. 173) discorre sobre essa evolução:

> O constructo de deficiência foca a expressão de limitação no funcionamento individual num contexto social, representando este uma desvantagem para o indivíduo, o constructo de dificuldade intelectual, tem no centro a interação entre o indivíduo e o meio envolvente, reconhecendo que uma aplicação sistemática dos apoios individuais pode reforçar o funcionamento humano.

Podemos, assim, observar que a nova nomenclatura, além de ser menos estigmatizante, abre possibilidades para a existência de uma prática profissional mais voltada para os comportamentos funcionais do indivíduo. Essa prática pode gerar um atendimento ao sujeito em seu próprio contexto. Desse modo, como condição para o desenvolvimento do indivíduo, fica exposta a necessidade de **sistemas de apoio**. Santos (2010, p. 3) explicita que essa nova terminologia, *dificuldade intelectual e desenvolvimental*, entende o indivíduo como alguém que apresenta uma dificuldade que se caracteriza por um

> funcionamento intelectual significativamente abaixo da média, coexistindo com duas ou mais limitações ao nível das áreas adaptativas (comunicação, autonomia, lazer, segurança,

emprego, vida doméstica, autossuficiência na comunidade...), com a data de aparecimento até aos 18 anos de idade.

Santos (2010, citado por Silva e Coelho, 2014, p. 174) também faz referência a cinco premissas consideradas essenciais na definição e na avaliação da pessoa com dificuldade intelectual e desenvolvimental, estabelecidas em consonância com as perspectivas da AAIDD:

> a influência do envolvimento, a diversidade linguística-cultural (e as diferenças comportamentais e de comunicação), a existência de limitações nas habilidades adaptativas em relação aos seus pares observando-se a necessidade do *design* de um perfil de apoios, a coexistência de áreas fortes e fracas e as melhorias no funcionamento dos indivíduos decorrentes de um apoio adequado, pelo que se intentará na elaboração de um modelo funcional (e não médico-psicopatológico).

Outro problema suscitado pela terminologia anteriormente adotada é explicitado por Rossato e Leonardo (2011). Os autores entendem que o termo *dificuldade* remete a questões passíveis de ser resolvidas. Quando falamos de *deficiência*, no entanto, a condição explicitada por essa palavra sugere uma condição definitiva e irreversível.

Portanto, podemos constatar que a mudança de terminologia, de *deficiência mental* ou *retardo mental* para *dificuldade intelectual e desenvolvimental*, suplanta a carga negativa dos rótulos anteriores e contempla uma perspectiva dinâmica e sistêmica do desenvolvimento. A expectativa é que essa alteração também contribua para reduzir o preconceito, fomentar apoios adequados e remover as barreiras para o exercício da cidadania, ou seja, para promover efetivamente o desenvolvimento da pessoa nessa condição.

Síntese

Neste capítulo, procuramos apresentar conceitos e nomenclaturas utilizadas para designar a pessoa com deficiência intelectual (dificuldade intelectual e desenvolvimental – DID) desde os primórdios da humanidade até os dias atuais.

Assim, com esse breve *background* histórico e cultural, buscamos preparar o leitor para superar os conceitos ultrapassados e os termos estigmatizantes, já que estes refletem a organização histórica de cada época, carregando em si suas próprias limitações e preconceitos.

Indicações culturais

O NOME da rosa. Direção: Jean Jacques Annaud. Produção: Bernd Eichinger. Itália/França/Alemanha: 20th Century Fox Film Corporation, 1986.

> Filme baseado no romance homônimo de Umberto Eco que se passa em um mosteiro beneditino da Itália medieval. Vários crimes ocorrem na biblioteca do local e são investigados por um monge franciscano e renascentista, interpretado por Sean Connery, o qual se utiliza da ciência e da razão para dar solução aos crimes, o que desagrada a Santa Inquisição.

Atividades de autoavaliação

1. Assinale a alternativa que relaciona as fases históricas que marcam o contexto de atenção social à pessoa com deficiência:
   a) Extermínio, abandono, assistencialismo, integração.
   b) Abandono, eliminação, assistencialismo, inclusão.
   c) Abandono, eliminação, segregação, integração, inclusão.
   d) Extermínio, segregação, inclusão.
   e) Assistencialismo, integração, inclusão.

2. Sobre o tratamento dispensado às pessoas com deficiência na Antiguidade Clássica, assinale a alternativa correta:
   a) A Grécia praticava apenas o abandono.
   b) Roma praticava o abandono e a eliminação.
   c) Roma praticava o abandono, mas não a eliminação.
   d) A Grécia praticava o abandono, a execução sumária e a eliminação.
   e) Os egípcios praticavam a execução sumária para agradar aos deuses, que exigiam a perfeição.

3. No contexto do século XX, houve muitas mudanças e avanços tecnológicos. Como isso favoreceu as pessoas com dificuldades intelectuais e desenvolvimentais? Assinale V para as assertivas verdadeiras e F para as falsas:
   ( ) As duas grandes guerras impulsionaram o desenvolvimento da reabilitação científica para atender às necessidades dos soldados mutilados, o que também trouxe benefícios às pessoas com deficiências.

( ) Os instrumentos que já vinham sendo utilizados – cadeira de rodas, bengalas, sistema de ensino para surdos e cegos, entre outros – foram aperfeiçoados.

( ) A sociedade organizou-se coletivamente para enfrentar os problemas e para melhor atender a pessoa com deficiência.

( ) Em 1919, foi criada a Organização Internacional do Trabalho (OIT). Trata-se de um organismo internacional que tem o objetivo de reabilitar pessoas para o trabalho, mas somente os feridos e os mutilados de guerra.

( ) Em 1948, ainda sob o choque das atrocidades cometidas durante a Segunda Guerra Mundial, a comunidade internacional reuniu-se na sede da ONU, em Nova York, e elaborou a Declaração Universal dos Direitos Humanos, proclamada em 10 de dezembro 1948.

4. Podemos constatar, pelos relatos históricos, a evolução nas redefinições dos conceitos referentes à pessoa com deficiência intelectual. Nessa mudança de paradigmas, chegamos à expressão *dificuldade intelectual e desenvolvimental* (DID). Os conceitos implícitos nessa nova nomenclatura:
   a) centram-se nas limitações do funcionamento geral da pessoa.
   b) enfatizam a interação entre o indivíduo e o meio, reconhecendo que uma aplicação sistemática dos apoios individuais pode reforçar o funcionamento humano.
   c) focam nas relações humanas, e não nas limitações físicas do funcionamento da pessoa.

d) enfatizam as limitações físicas e psicológicas do funcionamento da pessoa.
e) voltam-se apenas às limitações do funcionamento físico da pessoa, o qual interfere diretamente em sua interação com o meio.

5. Historicamente, podemos constatar que a mudança de terminologia, de *deficiência mental* ou *retardo mental* para *dificuldade intelectual e desenvolvimental*:
    a) suplanta a carga negativa dos rótulos anteriores e contempla uma perspectiva dinâmica e sistêmica do desenvolvimento.
    b) mantém os rótulos, apenas mudou o enfoque.
    c) não contribuiu para reduzir o preconceito.
    d) aumentou as barreiras para o exercício da cidadania das pessoas com deficiência.
    e) não contribuiu em nada para mudar o pensamento dos educadores a respeito das pessoas com deficiência.

Atividades de aprendizagem

Questões para reflexão

1. Em sua opinião, o que fazia com que os egípcios tivessem uma atitude diferente e mais tolerante para com as pessoas com deficiência: era o fato de conviverem habitualmente com algumas deficiências ou a influência de suas crenças? Por quê?

2. Em nossos dias, a pessoa com deficiência ainda é vista como uma aberração ou como um castigo de Deus para seus pais? Por quê?

Atividades aplicadas: prática

1. Visite uma escola especial para pessoas com dificuldades intelectuais e desenvolvimentais e uma instituição psiquiátrica para doentes mentais. Escreva um texto apontando as comparações entre as duas instituições.

2. Visite uma lanchonete, um supermercado ou outra empresa na qual trabalhem pessoas com dificuldade intelectual e desenvolvimental. Converse com os empregadores ou gerentes sobre o desempenho profissional dessas pessoas. Registre em um parágrafo as informações dessa conversa.

Capítulo 2
Deficiência intelectual e conceito de inteligência

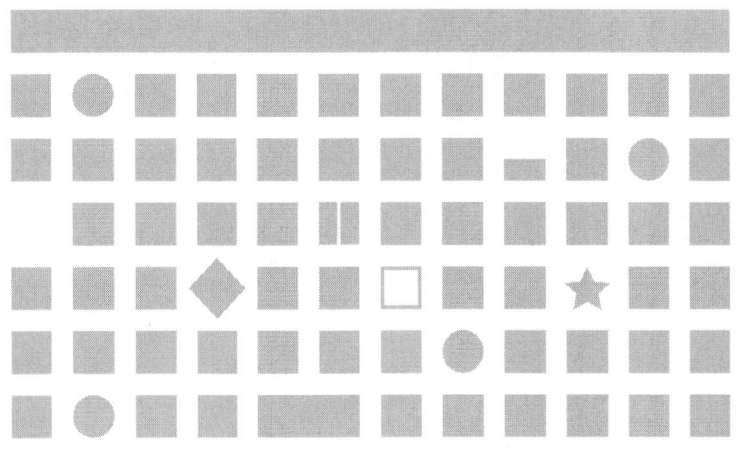

"Inteligência é a capacidade do indivíduo de agir com propósito, pensar racionalmente e lidar efetivamente com o seu meio ambiente."

David Wechsler (1944)

Este capítulo tem como objetivo fornecer um breve histórico e uma contextualização do constructo *inteligência*. Traçaremos um panorama geral das principais fontes teóricas que discorrem sobre o tema no que se refere aos seus conceitos e às ideias subjacentes a estes.

Ao abordarmos o tema, apresentaremos os conceitos dos modelos teóricos de inteligência no decorrer da história, revisitando brevemente as teorias psicométricas, desenvolvimentistas, socioculturais e cognitivistas e sugerindo uma reflexão sobre suas contribuições para a educação na perspectiva da educação inclusiva. Vamos nos situar historicamente quanto a esses modelos, já que isso ampliará nossa visão a respeito da deficiência intelectual como condição limitante, porém não incapacitante do sujeito epistêmico.

Para tal, utilizamos como base o texto de Silva (2014) *Os pioneiros no estudo da inteligência*, além das contribuições de pesquisadores que produziram conhecimento sobre o tema, como Yolanda Benito Mate, Howard Gardner e Maria Clara S. Gama, entre outros.

2.1 Conceitos e modelos de inteligência no decorrer da história

Na história deste planeta chamado *Terra*, nenhum outro ser tem e utiliza sua inteligência para, associada às condições biológicas e físicas, converter ideias e pensamentos em ações, criando seus próprios instrumentos para produzir de forma criativa e inovadora. Portanto, é indiscutível que a inteligência seja um constructo que diferencia o ser humano dos demais seres vivos.

Por se tratar de uma concepção de importância fundamental, a inteligência tem sido um dos temas mais estudados ao longo da história da humanidade, e o conceito de *inteligência* é um dos que muito tem mudado ao longo desse percurso, sem haver, até hoje, um conceito universal para ele. Relatos históricos mostram que o interesse pelo tema é antigo. A classificação e a seleção dos mais capazes não é novidade. Sempre que o homem precisou organizar-se para o trabalho com foco na sobrevivência e na produção, os mais capazes eram selecionados, e os inaptos, excluídos e, muitas vezes, descartados, como vimos no capítulo anterior.

Com a evolução histórica, cultural e psicológica da humanidade, o interesse no entendimento desse constructo e de sua possível mensuração também evoluiu e foi tomando uma formatação diversificada em razão dos significados subjacentes a diversos contextos e culturas.

Como podemos, então, definir a inteligência se ela, em si mesma, é um constructo tão abstrato? Se considerarmos a controvérsia dada a essa dimensão, podemos imaginar que temos uma dificuldade nesse ponto. Seria possível medirmos, de fato, a inteligência? A maioria dos estudiosos do tema concorda que o que medimos, efetivamente, é sua expressão, suas manifestações, ou os comportamentos inteligentes, mas não a inteligência. Entretanto, ainda hoje, na contemporaneidade, discutimos sobre isso.

Para uma melhor compreensão do tema, seria proveitoso entendermos que a inteligência tem sido definida e estudada ao longo da história no campo da psicologia, pelas escolas psicológicas. Isso implica postulados e a concepção de homem próprios de cada escola psicológica, mas também o fato de que a psicologia da inteligência está estreitamente ligada ao conceito das diferenças individuais nos processos mentais, bem como aos instrumentos que possibilitam a medição destes.

Portanto, vamos discorrer, rapidamente, sobre as quatro principais teorias de estudos sobre a inteligência, sem nenhuma intenção de aprofundamento ou discussões a respeito de suas relações ou aplicações. Nosso objetivo é apenas apresentar um *background* que favoreça um melhor entendimento do processo ensino-aprendizagem da pessoa com deficiência intelectual. Assim, veremos as teorias psicométricas, desenvolvimentistas, socioculturais e cognitivistas.

2.2 Teorias psicométricas

As teorias psicométricas entendem a inteligência como uma dimensão única, inata e mensurável.

A história reporta que, no final do século XIX e início do século XX, destacaram-se no estudo da inteligência os pesquisadores Galton, Cattell e Binet, os quais formaram as bases das teorias psicométricas. Galton e Cattell entendiam a inteligência como a manifestação de habilidades simples, no âmbito das capacidades discriminativas sensoriais. Já Binet dava ênfase à sua manifestação por meio das funções superiores do comportamento (mais complexas), como veremos a seguir.

Assim, o primeiro representante do modelo psicométrico, conforme descrito por Silva (2014), foi Francis Galton (1822-1911), biólogo, antropólogo, meteorologista, matemático e estatístico inglês, primo de Charles Darwin, cujas ideias o influenciaram em seus pressupostos de pesquisa e em suas concepções sobre a inteligência. Reconhecido como detentor de inteligência extraordinária, teve uma produção literária muito significativa para a época, com mais de 340 artigos e livros publicados. Deixou contribuições para a psicologia, como os conceitos de *associação de ideias, imagens mentais, aritmética olfativa* etc. (Silva, 2014).

No texto de Schultz e Schultz (2009, p. 135-143), podemos constatar que Galton foi pioneiro na utilização de **métodos estatísticos** para o estudo das diferenças e da hereditariedade dos comportamentos inteligentes. Ao fazer pesquisas, ele utilizava questionários para coletar dados sobre as pessoas, obtendo informações genealógicas e biográficas para seus estudos antropométricos. Como decorrência desse caminho de pesquisa, sob a influência das teorias de Darwin, Galton concluiu que a inteligência tinha origem **genética** e **hereditária**. Sua teoria foi estudada e apoiada por outros pesquisadores durante muitos anos.

No entanto, Mate (1996, p. 37) aponta que as ideias de Galton, como a associação da inteligência com a eminência ou a genialidade, foram questionadas em meados do século XX, por Leta S. Hollingworth e outros estudiosos. Hollingworth propôs que a inteligência é, em grande parte, o resultado da **oportunidade** e da **posição social** do indivíduo, ideia que também não se sustentou, visto que a história mostra grandes homens que surgiram de classes socioeconômicas e culturais consideradas desfavorecidas. No tocante à hereditariedade, ainda no século XX, foi comprovada que, estatisticamente, a correlação de QI (quociente de inteligência) entre pais e filhos não é perfeita.

Silva (2014) declara que os trabalhos de Galton tiveram continuidade nos Estados Unidos, por James Cattell (1860-1944):

> [Cattell] foi o autor da designação "teste mental" e prosseguiu com as medidas das capacidades sensoriais, perceptivas e motoras, inicialmente no Laboratório de Psicologia da Universidade da Pensilvânia e mais tarde na Universidade de Columbia. [...]
>
> Na seleção destes testes, Cattell seguiu a perspectiva de Galton, segundo a qual a medida das funções intelectuais seria possível através de testes de discriminação sensorial e de coordenação motora. (Silva, 2014)

O mesmo autor indica o declínio progressivo do interesse por tais testes em razão dos resultados apresentados, ou seja, a não relação "entre a capacidade intelectual dos indivíduos, medida por estes testes, e o seu desempenho escolar/acadêmico" (Silva, 2014).

Mais tarde, uma alternativa ao enfoque psicofísico da inteligência defendida primeiramente por Galton e depois por Cattell foi proposta por Alfred Binet (1857-1911), que propunha uma pesquisa mais centrada nas **habilidades mentais superiores** (capacidades de julgamento), e não no funcionamento sensorial e nos processos psicológicos simples, como faziam Galton e Cattell. Binet sugeriu uma análise qualitativa das respostas dos sujeitos durante os testes. Ao tentar entender o que estava por trás das respostas, ampliava suas perspectivas de análise e interpretação.

Silva (2014) faz referência a Binet como o responsável pela relação dos testes psicológicos com a educação. Em 1905, o ministro francês da Educação solicitou a Binet que identificasse as crianças que poderiam apresentar dificuldades de aprendizagem, a fim de oferecer intervenções de apoio. É por meio dessa pesquisa, realizada em parceria com Theodosius Simon (1873-1961), que teve origem o primeiro teste de inteligência: a **Escala de Inteligência Binet-Simon** (primeira escala quantitativa da inteligência). Com essa escala, Binet e Simon procuraram medir a inteligência como uma função da capacidade para aprender, identificando o perfil cognitivo e de aprendizagem dos alunos.

Os detalhes das inovações apresentadas por Binet e Simon na condução de sua pesquisa e no contraponto das pesquisas de Galton e Cattell, conforme Silva (2014), apontam para a concepção de Binet de que o julgamento era a explicação para a inteligência, e não a acuidade, a força ou a habilidade psicofísica. Assim, Binet entendia que o pensamento inteligente é composto por três elementos:

(1) direção, que implica o conhecimento daquilo que deve ser feito perante uma situação concreta e como fazê-lo; (2) adaptação, que descreve a seleção da estratégia adequada à resolução do problema concreto e à monitorização dos resultados que ela permite obter; e (3) controle, que se traduz na avaliação crítica dos pensamentos e ações do sujeito. (Silva, 2014)

Somente sete anos depois da criação da escala de Binet-Simon, em 1912, foi cunhada a abreviatura **QI**, por William Stern, para referir-se especificamente ao resultado de um teste psicométrico de medida de eficiência mental. Nessa perspectiva, QI é descrito como quociente por causa da relação entre a idade mental e a idade cronológica, o que já era anteriormente sugerido por Binet e Simon.

Em 1916, aconteceu um aprimoramento da escala de Binet-Simon. A nova escala, conhecida como **Stanford-Binet Intelligence Scale**, foi publicada por Lewis M. Terman, da Universidade de Stanford. Integrou as ideias de Stern e utilizou a medida de QI. Tornou-se, por sua relevância, a base para os testes modernos de inteligência.

Ainda na perspectiva psicométrica, conforme o manual técnico do WISC-IV (Wechsler, 2013), em 1939 Wechsler desenvolveu a primeira escala de inteligência Wechsler para adultos, conhecida por **Wechsler Adult Intelligence Scale** (WAIS), e, em 1949, a primeira escala de inteligência Wechsler para crianças, denominada de **Wechsler Intelligence Scale for Children** (WISC). Atualmente, essas escalas já estão na quinta edição original americana e na quarta edição da adaptação brasileira e são as principais e mais utilizadas referências para medidas de inteligência. A escala é dividida em dez subtestes, que se constituem em amostras representativas das múltiplas capacidades cognitivas do indivíduo. Os escores obtidos pelos testes de QI permitem identificar o nível global de aptidão cognitiva, bem como interpretar outras funções e os processos mentais utilizados durante a execução das atividades propostas no teste (Wechsler, 2013).

2.3 Teorias desenvolvimentistas

As teorias desenvolvimentistas enfatizam o processo de adaptação na busca do equilíbrio. Têm seu principal representante em Jean Piaget (1896-1980).

Piaget organizou suas ideias para propor uma teoria construtivista do desenvolvimento humano, ou seja, defendia uma orientação **interacionista**, em que o ser humano desenvolve-se pela interação entre pessoas e objetos e pela interação da pessoa com seu meio. O foco da teoria piagetiana está na assimilação, na acomodação e na equilibração (Kesselring, 2008, p. 80), e não nos famosos períodos de desenvolvimento mental, como enfocado por outros pesquisadores. A teoria de Piaget abrange quatro períodos gerais de desenvolvimento cognitivo.

No primeiro período, **sensório-motor**, do nascimento até os 2 anos de idade, a única referência comum e constante da criança é seu próprio corpo, base para seu egocentrismo praticamente total e por meio do qual resolve seus problemas. Esse nível é caracterizado como *pré-verbal* e constituído pela organização reflexiva e pela inteligência prática. Durante essa fase, os bebês começam a desenvolver símbolos mentais e a utilizar palavras, um processo conhecido como *simbolização* Kesselring (2008, p. 104).

Na transição do período sensório-motor para o segundo período, pré-operacional, a criança evolui cognitivamente, passando por outros estágios, até que aparece a atividade representativa, a qual procede da interiorização das ações motoras. A criança encontra-se em condições de reverter intencionalmente ações e de representar para si mesma sua reversão (Piaget chama isso de *reversibilidade*).

Em seguida, a criança evolui efetivamente para o período **pré-operacional**, que vai dos 2 aos 6 ou 7 anos de idade, no qual a linguagem é a aquisição mais proeminente. Mais para o final desse estágio, ocorre o aparecimento da inteligência operacional, ou seja, estruturam-se as bases do pensamento conceitual (Kesselring, 2008).

Esse é o período que recebe mais atenção de Piaget, em razão do aparecimento da linguagem, a qual favorece a interiorização dos esquemas de ações e do pensamento simbólico, alavancando qualitativamente todo o desenvolvimento da criança. Conforme Borges e Assis (2007, p. 231), o período pré-operacional é

> marcado pela capacidade de representação, que consiste na função simbólica ou semiótica, a qual possibilita a evocação de alguma coisa: um significado qualquer, um objeto ou um acontecimento por meio de um significante diferenciado e específico para esse fim. A criança, no segundo ano de vida, torna-se capaz de representar o passado e antecipar o futuro por meio da imitação, do jogo simbólico, do desenho, da linguagem e da imagem mental. A imitação diferida consiste na

capacidade de a criança reproduzir um modelo na ausência dele, após um intervalo mais ou menos longo, enquanto que, no período sensório-motor, o bebê realiza imitações somente dos modelos que percebe. O jogo simbólico consiste na assimilação egocêntrica do real pela própria criança, uma vez que transforma o real ao sabor de suas fantasias e de seus desejos. O jogo simbólico é importante para a criança, tendo em vista que serve para a resolução de conflitos, para a compensação de necessidades não satisfeitas, para a inversão de papéis, para a extensão do eu etc.

O início do período **operacional-concreto** acontece entre 7 e 8 anos de idade e se prolonga até 11 ou 12 anos. Conforme Kesselring (2008, p. 129), "a capacidade representativa é nitidamente mais desenvolvida do que era em nível precedente. As crianças conseguem imaginar não apenas o estado de coisas, mas também movimentos e mudanças". O estágio recebe esse nome porque corresponde à fase em que a criança age sobre o mundo concreto, real e visível. Há, então, o declínio do egocentrismo, substituído pelo pensamento operatório (que envolve vasta gama de informações externas à criança). O indivíduo pode, desde então, ver as coisas sob a perspectiva dos outros. Surgem os processos de pensamento lógico, limitados, e as crianças são capazes de serializar, ordenar e agrupar coisas em classes, com base em características comuns. Também se desenvolve a capacidade de conservação e reversibilidade por meio da observação real (o pensamento da criança ainda é de natureza concreta). As crianças começam a desenvolver um senso moral, juntamente a um código de valores (Kesselring, 2008).

O último período, **operatório-formal**, tem como característica principal a distinção entre o real e o possível. Inicia-se aos 11 ou 12 anos de idade, passa pela adolescência e prolonga-se até a idade adulta. Nessa fase, emerge a capacidade de substituir conceitos verbais por objetos concretos e de uni-los em um sistema reversível ao raciocinar, chegando à lógica formal. A lógica formal tem seu início por volta dos 11 anos, atingindo seu patamar de equilíbrio aos 14 ou 15 anos (Kesselring, 2008).

Do ponto de vista das estruturas lógicas, os resultados sugerem uma distinção clara entre o adolescente e a criança. Esta chega apenas a lidar com operações concretas de classe, de relações e números, cuja estrutura não ultrapassa o nível dos "agrupamentos" lógicos elementares ou dos grupos numéricos aditivos e multiplicativos.

A designação *operações formais* indica que alunos do ensino médio e de nível superior não pensam mais apenas operacionalmente, mas avançam em direção a raciocínios formais e abstratos. Não mais dependem de material visual manipulável, como as crianças em idade escolar inferior. A partir dos 12 anos, o sujeito já é capaz de produzir hipóteses. O pensamento operatório formal emancipa-se do plano de fatos palpáveis e perceptíveis, segundo os quais crianças de seis a 11 anos ainda continuam se orientando (Kesselring, 2008).

Em suma, trata-se do pensamento proposicional, por meio do qual o adolescente, ao raciocinar, manipula proposições.

Apesar da importância desses períodos, ao postular sobre o crescimento cognitivo Piaget defende que o crescimento cognitivo da criança ocorre por assimilação e acomodação, ou seja, para abordar a realidade, o indivíduo constrói esquemas mentais de assimilação (Moreira, 1999).

Sobre a **assimilação**, Wadsworth (1996) esclarece que podemos entendê-la como um processo cognitivo e, portanto, dinâmico. No final desse processo, a pessoa vai integrar um novo dado às estruturas cognitivas que já apresenta, ou seja, ao viver novas experiências, a criança vai adaptar novos estímulos (sensoriais, motores, visuais, auditivos etc.) às estruturas cognitivas anteriormente estabelecidas.

O próprio Piaget (1996, p. 13) define a *assimilação* como "uma integração a estruturas prévias, que podem permanecer invariáveis ou são mais ou menos modificadas por esta própria integração, mas sem descontinuidade com o estado precedente, isto é, sem serem destruídas, mas simplesmente acomodando-se à nova situação".

A **acomodação** é outro elemento imprescindível para o desenvolvimento das estruturas cognitivas. Associada à assimilação, promove a equilibração, que nada mais é do que o processo de regulação entre esses dois elementos. Piaget (1996, p. 18), chama de "acomodação toda modificação dos esquemas de assimilação sob a influência de situações exteriores (meio) ao quais se aplicam".

Então, podemos inferir que, se não houver uma estrutura preestabelecida que assimile um novo estímulo (uma nova informação) em razão de suas particularidades, teremos a acomodação. Nessa condição (a não existência de uma estrutura preestabelecida), ou o indivíduo cria um novo esquema, ou modifica o já existente. Ocorrida a acomodação, o indivíduo poderá assimilar o estímulo novamente.

Segundo Tafner (2019), Wadsworth aponta que a "acomodação explica o desenvolvimento (uma mudança qualitativa), e a assimilação explica o crescimento (uma mudança quantitativa); juntos eles explicam a adaptação intelectual e o desenvolvimento das estruturas cognitivas".

Piaget (1996) vai além. Ao falar sobre assimilação e acomodação, afirma que não há assimilação sem acomodações (anteriores ou atuais) e que, da mesma forma, não existem acomodações sem assimilação. Isso conduz ao entendimento de que, ao recebermos informações do meio externo, temos condições de fazer ajustamentos inteligentes, e não apenas registros ou cópias estanques. Moreira (1999, p. 101) afirma que "Piaget considera tudo no comportamento (motor, verbal e mental) parte da ação. Mesmo a percepção é, para ele, uma atividade e a imagem mental é uma imitação interior do objeto". Assim, o pensamento é, simplesmente, a interiorização da ação.

Nessa perspectiva, podemos inferir que, para Piaget, a aprendizagem configura-se quando há acomodação. O mecanismo de aprender seria sua capacidade de reestruturar-se mentalmente em busca de um novo equilíbrio. Portanto, o ensino deve ativar tal mecanismo.

Piaget (1986, p. 23) entende que a inteligência, subjacente a esse processo, tem seu início no nascimento e passa por várias etapas até chegar ao seu desenvolvimento pleno:

> A inteligência não aparece, de modo algum, num dado momento do desenvolvimento mental, como um mecanismo completamente montado e radicalmente diferente dos que o precederam. Apresenta, pelo contrário, uma continuidade admirável com os processos adquiridos ou mesmo inatos respeitantes à associação habitual e ao reflexo, processos sobre os quais ela se baseia, ao mesmo tempo que os utiliza.

Piaget (1986, p. 18) afirma que a inteligência é uma adaptação. Portanto, para ele, a evolução da inteligência é resultante das relações que o sujeito estabelece com o meio por meio da equilibração entre assimilação e acomodação, como descrevemos anteriormente. Logo, o autor defende que a ação do sujeito é indispensável para a constituição de sua inteligência, por isso é necessário **agir**, **fazer**, **atuar** para apreender o mundo e aprender sobre ele e sobre os objetos com os quais o sujeito se relaciona.

Desse modo, fica claro que também aprendemos com mais eficácia quando participamos ativamente do processo de aprendizagem, construindo conhecimentos, e não apenas reproduzindo mecanicamente saberes já historicamente elaborados.

Passemos então, ao terceiro modelo explicativo para a inteligência: a teoria sociocultural, a qual tem em Vygotsky (1896-1934) seu principal representante.

2.4 Teoria sociocultural, de Lev Vygotsky

Vygotsky, considerado um dos maiores psicólogos do século XX, viveu na Rússia durante um período de mudanças sociais e culturais muito significativas. Começou sua carreira aos 21 anos, após a Revolução Russa, em 1917. Em 1925, fundou um laboratório de psicologia para crianças deficientes. Casou-se aos 28 anos e faleceu aos 37 anos em Moscou, em 11 de junho de 1934. De 1936 a 1956, sua obra só circulava no Ocidente na clandestinidade, pois a censura do regime stalinista proibida sua divulgação.

O projeto principal de pesquisa de Vygotsky, no relato de Rego (2000, p. 39), foi a investigação das funções psicológicas superiores:

> Vygotsky se dedicou ao estudo das chamadas funções psicológicas superiores, que consistem no modo de funcionamento psicológico tipicamente humano, tais como a capacidade de planejamento, memória voluntária, imaginação, etc. Estes processos mentais são considerados sofisticados e 'superiores', porque referem-se a mecanismos intencionais, ações conscientes controladas, processos voluntários que dão ao indivíduo a possibilidade de independência em relação às características do momento e espaço presente.

Rego também aponta cinco ideias-base que permeiam as obras de Vygotsky. A primeira diz respeito à **relação indivíduo-sociedade**, segundo a qual afirma que as características tipicamente humanas resultam da interação dialética entre o homem e seu meio sociocultural. Um é transformado pelo outro conforme interagem.

A segunda ideia-base se refere à **origem cultural das funções psíquicas**, descrita assim:

> O desenvolvimento mental humano não é dado *a priori*, não é imutável nem universal, não é passivo, nem tampouco independente do desenvolvimento histórico e das formas sociais da vida. A cultura é, portanto, parte constitutiva da natureza humana, já que sua característica psicológica se dá através da internalização dos modos historicamente determinados e culturalmente organizados de operar com informações. (Joenk, 2007, p. 10)

A terceira ideia-base trata da **base biológica do funcionamento psicológico**. Mesmo que o cérebro seja o principal órgão da atividade mental, não quer dizer que represente um sistema imutável. Na visão de Oliveira (1992, p. 24):

> Vygotsky, rejeitou, portanto, a ideia de funções mentais fixas e imutáveis, trabalhando com a noção do cérebro como um sistema aberto, de grande plasticidade, cuja estrutura e modos de funcionamento são moldados ao longo da história da espécie e do desenvolvimento individual. Dadas as imensas possibilidades de realização humana, essa plasticidade é essencial: o cérebro pode servir a novas funções criadas na história do homem, sem que sejam necessárias transformações morfológicas no órgão físico.

A **mediação**, como característica de toda atividade humana, representa a quarta ideia-base. Segundo Rego (1995, p. 42), a relação do homem com o meio não é entendida como uma relação direta, mas mediada por recursos, que se constituem nas "ferramentas auxiliares" da atividade humana. A característica de criar essas ferramentas é exclusiva da espécie humana.

A quinta ideia-base trata da **diferenciação** entre os processos psicológicos complexos e mais sofisticados (superiores) e os mecanismos mais elementares. Aqueles se desenvolvem em processo histórico que pode ser explicado e descrito, o que não acontece com os mecanismos elementares, que podem ser reduzidos a uma cadeia de reflexos (Rego, 1995).

Em suma, fundamentado nas ideias-base descritas nos parágrafos anteriores, Vygotsky entende o desenvolvimento humano como resultante de uma relação estreita, dinâmica e dialética do sujeito com seu contexto sociocultural, o qual ocorre por meio de rupturas e desequilíbrios provocadores de contínuas desorganizações por parte do indivíduo. Portanto, o desenvolvimento não pode, jamais, ser considerado um processo previsível, linear e gradual.

Conforme Rego (1995), Vygotsky, em sua teoria, não ignora as bases biológicas da espécie humana, porém atribui preponderante importância à dimensão social, a qual fornece instrumentos e símbolos que mediam as relações do indivíduo com o mundo. O aprendizado é considerado, assim, um aspecto necessário e fundamental no processo de desenvolvimento das funções psicológicas superiores.

Para aprofundamento do assunto, sugerimos a leitura do artigo *Interação entre aprendizado e desenvolvimento*, disponível na obra *A formação social da mente* (Vygotsky, 1998).

Mais tarde, Vygotsky foi instigado a propor uma nova concepção para as relações entre aprendizado e desenvolvimento, porque as concepções que existiam, até onde ele podia observar, não o satisfaziam.

A primeira concepção da relação entre desenvolvimento e aprendizado em crianças, segundo Vygotsky, é a que pressupõe que "os processos de desenvolvimento da criança são independentes do aprendizado" (Vygotsky, 1998, p. 103). A segunda postula que aprendizagem é desenvolvimento. A terceira, por sua vez, "tenta superar os estremos das outras duas, simplesmente combinando-as". Vygotsky rejeita as três concepções e propõe uma nova abordagem: a zona de desenvolvimento proximal, a qual, para ele, explica melhor a relação entre desenvolvimento e aprendizado (Vygotsky, 1998, p. 105).

Desse modo, Vygotsky identificou dois níveis de desenvolvimento: o primeiro refere-se àquilo que o sujeito já adquiriu (suas conquistas efetivas), denominado **nível de desenvolvimento real ou efetivo**. O segundo é chamado de **nível de desenvolvimento potencial ou proximal**.

Para Vygotsky, esse segundo nível, a zona de desenvolvimento proximal, é o campo intermediário entre o desenvolvimento real e o desenvolvimento potencial. O desenvolvimento real é aquilo que o sujeito consolidou de forma autônoma. O desenvolvimento potencial pode ser inferido com base no que o indivíduo consegue resolver com a ajuda de um mediador, conhecedor dessa zona de desenvolvimento, para oferecer as experiências necessárias a fim de que o aluno possa avançar na aprendizagem. Oportunizar experiências muito avançadas, além dessa zona, pode ser frustrante para o estudante; já experiências muito abaixo de seu potencial podem tornar-se desinteressantes (Vygotsky, 1998).

Vygotsky apresentou a convicção de que existe uma relação inseparável entre aprendizagem e desenvolvimento. São processos que estão intimamente relacionados, porque, em seu entendimento, qualquer aquisição infantil requer a instrução de um adulto ou colega mais experiente. Conforme Castorina (1996, p. 19), "a noção de aprendizagem implica num processo ensino-aprendizagem, incluindo quem ensina, quem aprende e a relação estabelecida entre eles".

Quando pesquisava sobre o desenvolvimento das pessoas com deficiência, Vygotsky postulou o conceito de *compensação* como sua tese central. Do que trata esse conceito? Consiste em criar condições e estabelecer interações que possibilitem aos sujeitos com deficiência intelectual se desenvolverem. Isso sugere que o professor ou educador precisa entender que atuar pedagogicamente com base na compensação não vai "curar" o indivíduo de sua "deficiência", mas oferecer alternativas que podem contribuir para o desenvolvimento de suas áreas potenciais.

Nessa perspectiva, a promoção do desenvolvimento no sujeito com deficiência intelectual está diretamente relacionada às possibilidades para "compensar" suas limitações, oferecidas a ele na interação social e no processo ensino-aprendizagem. Portanto, seu desenvolvimento deve ser mediado pelo outro, ou seja, pela aprendizagem (Vygotsky, 1997).

Desse modo, podemos concluir que, no entendimento de Vygotsky, o homem constitui-se como ser humano em sua relação com o outro, que, nesse caso, não é somente uma pessoa, mas toda relação mediada e todas as possibilidades de interações com signos, símbolos culturais e objetos. Logo, podemos dizer, segundo essa linha de pensamento, que a aprendizagem relaciona-se ao desenvolvimento desde o nascimento.

2.5 Teorias cognitivistas

Mais recentes, as teorias cognitivistas defendem que a inteligência (ato inteligente) está intimamente associada às capacidades de resolução de problemas que o indivíduo apresenta. Considera importante a análise da base neurológica da cognição, preocupando-se com a ligação entre áreas e localizações encefálicas e com o processamento da informação.

Dessa abordagem, entendemos como relevantes, e por isso vamos discorrer neste capítulo, a teoria das inteligências múltiplas, proposta por Howard Gardner, e a teoria triárquica da inteligência, de Robert Sternberg. Ambas são importantes por suas implicações educacionais e por se prestarem à reflexão, ao entendimento e ao desenvolvimento de ações pedagógicas necessárias ao ensino de todos.

2.5.1 Teoria das inteligências múltiplas, de Howard Gardner

O enfoque psicométrico e psicofísico para o estudo da inteligência, predominante na psicologia até à década de 1960, cedeu lugar, em 1983, para um novo paradigma, defendido pelo psicólogo Howard Gardner, que propunha a existência de pelo menos oito inteligências (ou habilidades natas), as quais veremos na sequência. Sua visão de inteligência abarca aspectos biológicos e funcionais do indivíduo bem como as interações dos indivíduos com seu meio ambiente. Considera relevantes as formas como as culturas influenciam os conceitos e o desenvolvimento da inteligência.

Nesse cenário, Gardner (1994) postula que a inteligência está relacionada com a capacidade de o homem solucionar problemas e criar produtos inéditos, em contextos ricos em estímulos naturais. Desse modo, a teoria das inteligências múltiplas trouxe para psicólogos, educadores e pesquisadores da área um caráter multidimensional para os estudos sobre o tema da *inteligência*. Essa perspectiva facilita a ação docente e propicia aos alunos o uso de todos os seus recursos potenciais na construção dos próprios conhecimentos. Assim, deixam de ser reprodutores e passam a ser construtores de conhecimento, o que dá aos professores múltiplas e infinitas possibilidades para a mediação pedagógica.

Em sua teoria, Gardner tentou ampliar a visão sobre o alcance do potencial humano para além do que era focado na época. Gardner amplia a ideia de potencial cognitivo (QI), sugerindo que a inteligência tem a ver com a capacidade de resolver problemas e criar produtos em contextos de vida prática, já que o ambiente, por ser real e natural, é rico em variáveis de todas as instâncias. Assim, defende que as habilidades acadêmicas não podem ser o fator decisivo para determinar a inteligência de uma pessoa. Por esse motivo, não poderíamos, por exemplo, dizer que Stephen Hawking fosse mais inteligente que Neymar ou que Ana Botafogo; apenas podemos inferir que desenvolveram tipos diferentes e específicos de inteligência, pouco iminentes em outras.

As oito inteligências reconhecidas por Gardner combinam-se de forma única em cada pessoa e podem ser estimuladas, mas não é possível padronizá-las.

Resumidamente, analisaremos a seguir cada uma das oito inteligências. Utilizamos como principais fontes os livros: *Estruturas da mente: a teoria das inteligências múltiplas* (Gardner, 1994) e *Inteligências múltiplas na sala de aula* (Armstrong, 2001).

As oito categorias ou inteligências de Gardner (Gardner, 1994; Armstrong, 2001)

Inteligência linguística

Caracteriza-se pela habilidade para a comunicação, não apenas oral, mas também a comunicação escrita, gestual etc., utilizando as palavras de forma efetiva. Quem domina melhor essa capacidade de comunicação tem uma inteligência linguística superior. Também considera a capacidade de manipular a sintaxe (estrutura da linguagem), a semântica (significados da linguagem) e as dimensões pragmáticas (usos práticos da linguagem). Algumas profissões enfatizam esse tipo de inteligência, por exemplo, políticos, escritores, poetas, jornalistas, comunicadores e pessoas com habilidade para aprender idiomas, escrever estórias, ler etc.

Inteligência lógico-matemática

Exacerba as capacidades de usar os números de forma efetiva (como matemático, contador ou estatístico) e para raciocinar bem (como cientista, programador de computador ou lógico); usar a sensibilidade para detectar padrões e relações lógicas, afirmações e proposições; fazer cálculos e resolver problemas abstratos. Os tipos de processos usados a serviço da inteligência lógico-matemática incluem: categorização, classificação, inferência, generalização, cálculo e testagem de hipóteses. O estilo de aprendizagem que mais se encaixa nesse perfil é aquele voltado aos números e à lógica, e as profissões que se destacam nesse tipo de inteligência são as de engenheiro, cientista, contador, estatístico e analista.

Inteligência corporal-cinestésica

Utiliza todo o corpo para expressar ideias e sentimentos, e a habilidade no uso das mãos e dos pés para manipular ou transformar objetos. As capacidades de equilíbrio, flexibilidade, velocidade, coordenação e força, assim como a habilidade cinestésica, ou a percepção de medidas e volumes, manifestam-se nesse tipo de inteligência. Atletas, cirurgiões, artesãos, bailarinos são os exemplos mais conhecidos.

Inteligência musical

Abrange a capacidade de perceber, discriminar, transformar e expressar formas musicais. A sensibilidade, o ritmo, o tom e o timbre se associam a esse tipo de inteligência. Entre outros, está presente em compositores, maestros, músicos, pessoas que se sentem atraídas pelos sons da natureza ou melodias e que acompanham ritmo e compasso com movimentos corporais ou com auxílio de um objeto.

Inteligência espacial

Caracteriza-se pela habilidade para pensar em três dimensões. Permite perceber imagens externas, internas, transformá-las ou modificá-las e produzir ou decodificar informações gráficas. Pilotos, escultores, pintores, *designers*, marinheiros e arquitetos são exemplos. Além dessas, também usam esse tipo de inteligência as pessoas que gostam de elaborar mapas, quadros, desenhos, esquemas, plantas de casas etc.

Inteligência naturalista

É a capacidade de diferenciar, classificar e se utilizar do meio ambiente, de objetos, de animais ou de plantas (tanto no meio urbano como no rural). A pessoa com essa inteligência apresenta grande potencial nas habilidades de observação, reflexão e consideração sobre tudo o que nos cerca. É possível notá-la em moradores do campo, biólogos, caçadores, ecologistas, paisagistas, pessoas que amam e convivem com plantas e animais etc.

Inteligência interpessoal

Engloba a capacidade de sentir empatia com os demais, adotando uma sensibilidade especial para compreender as expressões faciais, a voz, os gestos, a postura, além da habilidade para responder a elas de maneira adequada. Está presente em políticos, vendedores e docentes de renome, entre outros.

Inteligência intrapessoal

Permite construir avaliações exatas sobre si mesmo e enfatiza a capacidade de controlar sua própria vida. Inclui a reflexão, a autocompreensão e a autoestima. Pode ser percebida em teólogos, psicólogos, sociólogos, filósofos, gurus, entre outros.

Essa teoria considera que todas as pessoas apresentam as oito inteligências, todas no mesmo grau de importância, porém, expressas em menor ou em maior grau. No entanto, não existem estilos puros, pois a vida humana e a maioria dos trabalhos requerem o uso da maioria das inteligências combinadas.

Sob essa perspectiva, em que a inteligência é entendida como multifacetada, esperamos que a escola promova uma orientação pedagógica e metodológica na qual seus alunos sejam ensinados e orientados conforme sua capacidade e seu estilo de inteligência, para aproveitar suas habilidades em destaque. Infelizmente, com raras exceções, isso não acontece. O que vemos, de fato, são sistemas de ensino, escolas e professores que buscam metodologias e promovem práticas educativas com o objetivo de ensinar "a todos" os mesmos conteúdos e da mesma forma, ignorando o fato de que cada indivíduo apresenta perfil de desenvolvimento e de aprendizagem peculiar.

Nesse panorama, que desafio temos? Como podemos pensar a inteligência para que nossa prática seja favorável ao desenvolvimento das habilidades e das competências de cada aluno? É possível uma prática docente que respeite o perfil cognitivo e de aprendizagem de cada aluno entre tantos outros?

O primeiro desafio a ser vencido, com certeza, é a quebra de paradigmas sobre as capacidades cognitivas dos indivíduos, entendendo que podem ser diferentes e que, por isso, têm um perfil de aprendizagem diferente, e assim suas capacidades podem ser desenvolvidas especificamente. O segundo desafio é romper a tendência de estabelecer padrões de normalidade, que geralmente promovem a segregação e a exclusão. Nada há de produtivo nessa prática, e ela ocorre, de igual modo, tanto na rede particular quanto na rede pública de ensino. Nesse contexto, sempre haverá os mais capazes (superdotados) e os menos capazes (alunos com deficiência intelectual) em todas as oito inteligências propostas por Gardner.

Portanto, não podemos ver as diferenças como um fator limitante ao desenvolvimento, ou com um olhar que busca *deficit*, mas como um fator promotor de ricas possibilidades e oportunidades pedagógicas.

2.5.2 Teoria triárquica da inteligência, de Robert Sternberg

Gardner e Sternberg mostraram, em seus estudos, uma abordagem multifacetada da mente humana. Como vimos, Gardner postulou a teoria das inteligências múltiplas, que descreveu oito inteligências. Já Sternberg propôs a teoria triárquica de inteligência (Sternberg et al., 1996).

Resumidamente, descreveremos as capacidades apontadas nessa teoria, segundo Sternberg e Grigorenko (2003).

A teoria triárquica da inteligência (Sternberg; Grigorenko, 2003)

Inteligência analítica

Inteligência tradicional, necessária para resolver problemas difíceis. Podemos considerá-la a capacidade de pensamento crítico. É utilizada quando a pessoa analisa, avalia e compara ou contrasta ideias. Envolve, portanto, o raciocínio abstrato.

Inteligência criativa

Inteligência necessária para a imaginação e para combinar coisas de maneiras inovadoras; capacidade de gerar novas ideias. É utilizada quando a pessoa cria, inventa ou descobre algo. Geralmente, a pessoa com esse tipo de inteligência apresenta um pensamento divergente e tem muita facilidade para fazer sínteses e conexões entre coisas que outras pessoas não reconheceriam espontaneamente.

Inteligência prática

Inteligência necessária para adaptar o ambiente de maneira a atender às necessidades; capacidade de traduzir a teoria em prática e as ideias abstratas em realizações práticas.
É utilizada quando a pessoa coloca em prática, aplica ou usa aquilo que aprendeu para modificar ou adaptar-se ao ambiente.

Sternberg e Grigorenko (2003, p. 71) defendem que "a criatividade plena requer um equilíbrio entre estas capacidades: analítica, criativa e prática". Sob essa perspectiva, o comportamento inteligente acontece por meio de diferentes processos – e, conforme Gama (2006), esses diferentes processos podem ser aplicados a cada uma das inteligências de Gardner. A mesma autora acrescenta:

> Robert Sternberg vê a inteligência como localizada no indivíduo bem como na sua interação com o meio ambiente. Para ele, a inteligência deveria ser vista como um alto governo mental. Ele busca explicar isto através de uma analogia entre inteligência, por um lado, e governo, por outro, e propõe que a inteligência oferece meios para que os indivíduos se governem de tal forma que seus pensamentos e ações se apresentem de maneira organizada, coerente e apropriada para lidar tanto com necessidades internas quanto com demandas do meio ambiente. (Gama, 2006, p. 31)

A teoria de Sternberg eleva o entendimento do constructo *inteligência* para uma dimensão mais ampla. A ideia da inteligência prática, por exemplo, explica como e por que pessoas com histórico de baixo rendimento escolar, ou que nunca frequentaram a escola e não são letradas, vieram a se tornar bem-sucedidas na vida.

Ele propõe a existência de três subteorias que se relacionam e se combinam, descritas por Gama (2014, p. 670-671, grifo nosso), como segue:

> A **primeira subteoria** está relacionada com o mundo interior do indivíduo e com os mecanismos que levam a comportamentos mais ou menos inteligentes. Esta subteoria se

refere especificamente a três tipos de componentes de processamento de informações: (a) componentes de aquisição de conhecimento; (b) componentes de desempenho, e (c) metacomponentes. Sternberg define componente como sendo um processamento elementar de informações, que opera nas representações internas de objetos ou símbolos. Os componentes desempenham três tipos de funções: os de aquisição de conhecimento são processos usados na aprendizagem de coisas novas; os de desempenho são processos de execução de uma tarefa; e os metacomponentes são processos elevados, usados em planejamento, monitoramento e decisão no desempenho de tarefas.

A **segunda subteoria** se divide em habilidade para lidar com a novidade e habilidade para automatizar as respostas relativas às tarefas ou situações novas. Sternberg enfatiza a relação entre as duas habilidades: quão mais eficiente o indivíduo é na sua maneira de lidar com as novidades, mais elementos terá a seu dispor para o processamento de dados, e vice-versa. Com relação à subteoria de duas facetas, ele propõe que uma tarefa mede "inteligência" na medida em que exige uma ou ambas as habilidades para lidar com situações novas e automatizar o processamento de informações. Segundo ele, a inteligência envolve não apenas a habilidade para aprender e raciocinar a partir de conceitos novos, mas a habilidade para aprender e raciocinar a partir de novos tipos de conceitos; ou seja, não apenas a capacidade de lidar com sistemas conceituais com os quais a pessoa já está familiarizada, mas a capacidade de aprender e de pensar com relação a sistemas conceituais novos, que podem se unir a estruturas de conhecimento preexistentes.

Finalmente, a **terceira subteoria**, chamada de subteoria de contexto, está relacionada com o papel do meio ambiente e com o controle que o indivíduo tem sobre a sua relação com o meio ambiente, uma vez que a inteligência tem que operar num mundo real, com coisas que são importantes para o indivíduo. Aqui Sternberg define inteligência como adaptação com propósito, transformação e seleção de ambientes do mundo real significativos ou importantes para uma pessoa.

Convém ressaltarmos que as pessoas não têm necessariamente habilidades superiores nas três áreas descritas na teoria triárquica. Conforme Gama (2006, p. 38), para Sternberg,

> Algumas pessoas têm maior facilidade com o controle de seus processos mentais e com os componentes de aquisição de conhecimento. A isto ele chama inteligência analítica. Estas pessoas, geralmente, têm sucesso na vida acadêmica, não somente como alunos, mas também como professores. Outras são mais experimentais, e usam seus processos cognitivos em tarefas ou situações específicas. São os indivíduos que têm habilidade para lidar com novidades e para automatizar o processamento de informações; Sternberg chama a isto inteligência criativa. E, finalmente, outro grupo tem maior facilidade em aplicar os processos de funcionamento intelectual, mediados pela experiência, para funcionar no mundo real. De acordo com Sternberg, esta capacidade, chamada de inteligência prática, leva ao maior sucesso na vida adulta, por incluir habilidades das duas primeiras (não necessariamente em níveis superiores), porém levando à adaptação, transformação e seleção de ambientes.

Neste momento, podemos nos perguntar: Como essa teoria pode ser útil no âmbito educacional? A resposta pode parecer complicada à primeira vista, mas vale lembrar que a teoria triárquica de inteligência entende a aprendizagem como a capacidade do indivíduo de resolver problemas utilizando-se eficientemente dos mecanismos cognitivos componentes do raciocínio. O rendimento escolar é traduzido em desempenho, ou seja, comportamentos do indivíduo em situações de avaliação, seja formal, seja informal. Portanto, o desempenho é resultante do uso do raciocínio (da aprendizagem).

2.6 A inteligência no século XXI

Sem problematizarmos em profundidade, passemos a atualizar o entendimento sobre o tema da *inteligência* na atualidade. Para Roazzi e Souza (2002), na contemporaneidade, a inteligência é resultante de inúmeras variáveis que podem estar intrinsecamente ligadas, tais como os fatores genéticos, os psicossociais, os individuais e os ambientais. Assim, apesar de se evidenciar que, em média, a pontuação do QI é estável ao longo da vida de uma pessoa, alguns indivíduos estarão sujeitos a grandes mudanças quando afetados por interferências ambientais e/ou desenvolvimentais. Podemos considerar, por exemplo, um contexto extremamente rico em estímulos adequados, ou um acidente, ou uma doença etc.

Ao entender que, historicamente, o constructo *inteligência* passou por vários estágios de pesquisa e sem desconsiderar o estudo e a avaliação das capacidades cognitivas por meio das escalas de inteligência, podemos inferir que, além da importância para a identificação das dificuldades ou dos distúrbios de aprendizagem, sob uma perspectiva mais atual, há a necessidade de levantar inúmeros outros fatores na identificação desse constructo. Esses fatores são de natureza não intelectiva, tais como traços de personalidade, motivação, persistência ou impulsividade. Pautados em nossa prática educacional e clínica, podemos seguramente afirmar que esses outros e diversos fatores podem interferir nas habilidades cognitivas. Portanto, esse entendimento propicia o estabelecimento de planos de ação mais adequados para o atendimento às necessidades peculiares de cada indivíduo, educacionais ou não.

2.7 A deficiência intelectual na contemporaneidade

Como vimos no capítulo anterior, os relatos históricos favorecem que tenhamos uma visão clara do panorama e da evolução nas redefinições dos conceitos referentes à pessoa com deficiência intelectual. Sem dúvida, já evoluímos para termos menos estigmatizantes. Nessa mudança de paradigmas e conceitos, chegamos a uma nova nomenclatura, que traz implícita a forma como entendemos as limitações apresentadas por esses sujeitos: *dificuldade intelectual e desenvolvimental* (DID), em consonância com a AAIDD.

Nessa reflexão, Santos (2010, p. 2) esclarece que o constructo da deficiência tem seu reflexo social em razão das limitações do funcionamento peculiar do indivíduo, o que pode ser uma desvantagem para o indivíduo na sociedade. A dificuldade intelectual, por exemplo, que também está imbricada em uma relação do indivíduo com seu contexto, pode ser reforçada, no que se refere ao funcionamento humano, quando há uma aplicação sistemática dos apoios individuais. Esse novo paradigma traz uma nova abordagem ao atendimento profissional para qualquer sujeito com dificuldades cognitivas e desenvolvimentais. Há uma mudança de foco. As deficiências, as dificuldades, as limitações e as impossibilidades não são mais o fator determinante para o atendimento, muitas vezes não efetivo ou equivocado. Agora, com essa nova visão, é possível que existam sistemas de apoio bem mais eficazes. A prática profissional passa a ser direcionada para os comportamentos funcionais do indivíduo, possibilitando, inclusive, que este seja atendido em seu próprio contexto.

Assim, há a necessidade de termos clareza sobre quem estamos falando, a quem, de fato, estamos nos referindo, para que possamos prestar os atendimentos e as intervenções necessárias.

Para esclarecer essa questão, apelamos para o quesito *definição* e achamos por bem retomar Santos (2010). A terminologia *dificuldade intelectual e desenvolvimental* (já explicitada e discutida no primeiro capítulo deste livro) é tida como referência a indivíduos que apresentam

> funcionamento intelectual significativamente abaixo da média, coexistindo com duas ou mais limitações ao nível das áreas adaptativas (comunicação, autonomia, lazer, segurança, emprego, vida doméstica, autossuficiência na comunidade...), com a data de aparecimento até aos 18 anos de idade. (Santos, 2010, p. 3)

Ao analisarmos essa mudança de paradigma, podemos verificar que o termo *dificuldade* traz a possibilidade de uma melhoria ou superação, bem como de uma intervenção terapêutica com bom prognóstico. Nesse sentido, partimos do princípio de que, com uma terapêutica sistêmica, contextualizada e competente, podemos levar o indivíduo a melhorar seu desempenho, segundo seus próprios limites, para uma atuação efetiva e produtiva na sociedade. Já o termo *deficiência* remete a uma condição estanque, no mínimo limitadora. Sua conotação é de algo definitivo, portanto, sem perspectiva de melhora ou evolução, bloqueando toda possibilidade de intervenção que tenha um movimento para o sucesso.

Além do exposto, a mudança de terminologia – de *doença mental, deficiência mental, retardo mental* e *deficiência intelectual* para *dificuldade intelectual e desenvolvimental* – é positiva também por contemplar o ser humano em uma perspectiva sistêmica do desenvolvimento. Nesse caso, por serem menos estigmatizantes e excludentes, os termos *dificuldade* e *desenvolvimental* não são apenas mais modernos; eles nos reportam para um entendimento da condição do sujeito como algo dinâmico, passível de intervenção e com um movimento para o desenvolvimento do indivíduo, inclusive com vistas à sua atuação cidadã no contexto em que estiver inserido.

Nesse sentido, podemos tomar como exemplo um projeto desenvolvido por meio de um programa educacional em uma escola especial em 2007. O projeto pedagógico foi desenvolvido com duas turmas de oito alunos cada, todos com deficiência intelectual. Seu título era: *Penso diferente, sinto como gente, faço como posso!* Esse *faço como posso* abriu possibilidades para mostrar àqueles alunos e a suas famílias que o fato de não poder fazer como outros faziam não os isentava da responsabilidade de fazer, ainda que esse fazer estivesse ligado à própria condição diferenciada, mas, ainda assim, cidadã.

Logo, pensar a educação para pessoas com deficiência intelectual torna-se um desafio que exige um pensamento divergente e muita dedicação e compromisso. Precisamos que professores e educadores tenham um olhar diferenciado, contextualizado e positivo, que não olhem apenas para seus *déficits*, mas para suas possibilidades, sem deixar de reconhecer suas limitações, no entanto, sem incapacitá-los. Ademais, a educação desses indivíduos precisa ir além da simples e mecanicista transmissão de conhecimentos historicamente elaborados. Estes, sem dúvida, são importantes, mas é preciso ir além: preparar os indivíduos para desenvolver habilidades relativas à resolução de problemas e autonomia para a aprendizagem e para situações da vida prática.

Nesse contexto educacional é que vemos o valor da teoria das inteligências múltiplas, que aponta para o reconhecimento e a valorização de habilidades desenvolvimentais diferenciadas e do perfil heterogêneo de aprendizagem de cada sujeito, tenham eles dificuldades cognitivas ou não.

No tocante à vida acadêmica da pessoa com deficiência intelectual, esperamos que as diferentes capacidades dos sujeitos epistêmicos sejam reconhecidas, estimuladas e desenvolvidas. De qualquer estudante. De todos os estudantes. E isso não implica apenas dominar conteúdos que lhes são repassados. Lembremos que, na teoria das inteligências múltiplas, bem como na teoria triárquica da inteligência, o entendimento da inteligência está estritamente ligado às capacidades de resolução de problemas, de forma criativa e eficaz, no contexto em que a pessoa está inserida. Dessa forma, devemos descobrir como cada indivíduo aprende, quais os canais que mais favorecem seu aprendizado, quais as características individuais, cognitivas, emocionais ou de personalidade, que podem facilitar ou bloquear o desenvolvimento de habilidades acadêmicas e de desenvolvimento, tão importantes para a formação integral do sujeito.

Para facilitar o desenvolvimento da capacidade de abstração (para todos os alunos, mas também para aqueles com DID), devemos nos valer de diferentes formas de ensino, incluindo o uso consciente de atividades mais concretas para aproximar todos os alunos de uma aprendizagem com sentido.

Por fim, é preciso considerar que a forma de expressão verbal e física do estudante com deficiência pode estar comprometida e, assim, pode haver a necessidade de uma escuta diferenciada no que se refere às suas emoções e às limitações físicas que o acompanham. É esse olhar mais amplo do educador que vai permitir avanços na formação acadêmica, ética e social desse estudante, possibilitando a revelação de novas habilidades.

Síntese

Neste capítulo, apresentamos um breve histórico e uma contextualização do constructo *inteligência*, por meio de um panorama geral das principais fontes teóricas que discorrem sobre o tema, no que se refere aos seus conceitos e às ideias subjacentes a estes.

Revisitamos os conceitos dos modelos teóricos de inteligência no decorrer da história com a abordagem das teorias psicométricas, desenvolvimentistas, socioculturais e cognitivistas. Por fim, sugerimos uma reflexão sobre suas contribuições para a educação inclusiva.

Indicações culturais

KESSELRING, T. **Jean Piaget**. Caxias do Sul: Educs, 2008.

> Desta obra, recomendamos especialmente a leitura integral do Capítulo 3, no qual o autor discorre sobre a obra empírica de Piaget (os quatro níveis de desenvolvimento intelectual). O livro fornece uma visão geral da vida de Piaget, de seu trabalho cientifico e da repercussão deste no mundo inteiro.

QUASE deuses. Direção: Joseph Sargent. Produção: Mike Drake, Julian Krainin, Robert W. Cort, David Madden. EUA: Warner Home Video, 2004.

> Este filme narra a história real de Vivien Thomas (1910-1985), um afro-americano, e do Dr. Alfred Blalock (1899-1964). É uma narrativa da segregação racial. Vivien consegue um emprego para ser zelador no Laboratório de Cirurgias Experimentais Vanderbilt. Lá ele começa trabalhar para o Dr. Alfred, que o observa e descobre seu grande talento e inteligência. Pesquisas e experimentos são realizados pelos dois e trazem grandes resultados.

Atividades de autoavaliação

1. Assinale a alternativa que relaciona os principais representantes das teorias psicométricas:
   a) Galton, Cattell e Binet.
   b) Piaget e Vygotsky.
   c) Gardner e Sternberg.
   d) Galton, Cattell, Binet e Piaget.
   e) Gardner, Sternberg e Vygotsky.

2. Quanto às teorias sobre a inteligência, assinale com V as assertivas verdadeiras e com F as falsas:
   ( ) As teorias psicométricas entendem a inteligência como uma dimensão única, inata e mensurável.
   ( ) Conforme Piaget, a ação do sujeito é indispensável para a constituição de sua inteligência, por isso é necessário agir, fazer, atuar para apreender o mundo e aprender sobre ele e sobre os objetos com os quais o sujeito se relaciona.
   ( ) Vygotsky entende o desenvolvimento humano como resultante de uma relação estreita, dinâmica e dialética do sujeito com seu contexto sociocultural. Portanto, pode ser considerado como um processo previsível, linear e gradual.
   ( ) As teorias psicométricas são aquelas que entendem a inteligência como uma dimensão única, inata e mensurável, flexibilizando apenas diante de uma inteligência de QI muito superior.
   ( ) Conforme defendido por Gardner e Sternberg, a inteligência é plural e multifacetada.

3. O enfoque psicométrico e psicofísico para o estudo da inteligência, predominante na psicologia até à década de 1960, cedeu lugar, em 1983, para um novo paradigma. As teorias cognitivistas representam bem esse novo paradigma. Quais são essas teorias?
   a) Teorias desenvolvimentistas.
   b) Teoria das inteligências múltiplas e teoria triárquica da inteligência.
   c) Teorias socioculturais.
   d) Teorias desenvolvimentistas e socioculturais.
   e) Teorias socioculturais e teoria das inteligências múltiplas.

4. Sobre a contribuição da teoria das inteligências múltiplas para o campo educacional, assinale V para as afirmativas verdadeiras e F para as falsas.
   ( ) A Teoria das Inteligências Múltiplas trouxe outra perspectiva sobre o tema da inteligência. No entanto, ela continua relacionada aos estudos psicométricos.
   ( ) A Teoria das Inteligências Múltiplas, apesar de sua nova perspectiva, apenas apresenta uma variedade de atividades para abordar os diferentes aspectos de uma única inteligência.
   ( ) A Teoria das Inteligências Múltiplas trouxe um caráter multidimensional para os estudos sobre o tema da inteligência.
   ( ) Para os educadores, a perspectiva multidimensional da Inteligência é bem aceita, pois ela facilita a ação docente e propicia aos alunos utilizarem todos os seus recursos potenciais na construção de seus próprios conhecimentos.

( ) Na perspectiva das Inteligências Múltiplas, os alunos podem deixar de ser reprodutores e passam a ser construtores de conhecimento, nos dando múltiplas e infinitas possibilidades para a mediação pedagógica.

5. Com base nos relatos históricos, podemos constatar a evolução nas redefinições dos conceitos referentes à pessoa com deficiência intelectual. Hoje, adotamos a expressão *dificuldade intelectual e desenvolvimental* (DID). Como você descreveria o conceito implícito nessa nova nomenclatura?
   a) Foca nas limitações do funcionamento da pessoa.
   b) Enfatiza a interação entre o indivíduo e o meio, reconhecendo que uma aplicação sistemática dos apoios individuais pode reforçar o funcionamento humano.
   c) Desconsidera as aplicações de apoios individuais para melhorar o funcionamento humano.
   d) Centra-se nas limitações para suprir as necessidades da pessoa.
   e) Desconsidera as limitações da pessoa, voltando-se às suas potencialidades.

Atividades de aprendizagem

Questões para reflexão

1. O ser humano constitui-se como tal em sua relação com o outro. Qual seu entendimento sobre essa afirmação de acordo com a teoria sociocultural?

2. Como Vygotsky postula desenvolvimento, inteligência e aprendizagem?

3. Qual a relação entre desenvolvimento e aprendizagem?

4. Para Vygotsky, como deve ser o tratamento dispensado a uma criança deficiente intelectual?

5. A escola tende a valorizar apenas o "produto final" dos estudantes, ou seja, o que parecem saber, e não o processo que levou à aquisição do conhecimento. Como podemos fazer diferente?

6. Normalmente, quando o professor dá uma tarefa ou uma prova, pede que o estudante não converse, não consulte, não interaja com ninguém. Será esta a única forma de fazer essa atividade? Como você faria a avaliação de seus alunos?

7. Em avaliações na sala de aula, muitas questões não respondidas, ou respondidas com respostas erradas, se fossem realizadas com a mediação do professor, ou até de colegas com mais experiência, poderiam apresentar respostas? Justifique.

Atividade aplicada: prática

1. Entreviste alguns professores do ensino fundamental sobre a forma de avaliação que aplicam em sala de aula. Escreva um pequeno texto que as compare com as sugestões das teorias descritas neste capítulo.

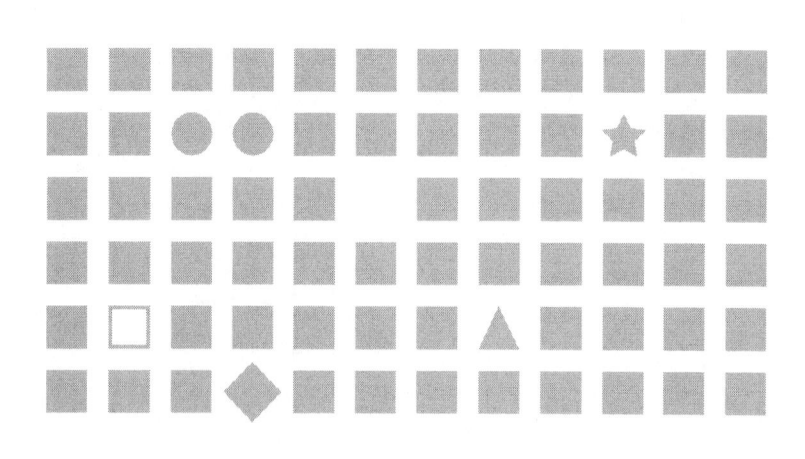

Capítulo 3
Contribuições da teoria bioecológica do desenvolvimento humano

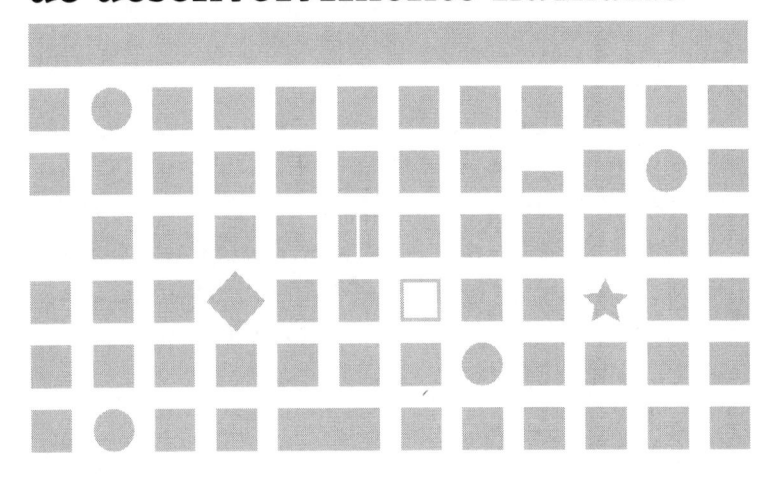

"Desenvolvimento humano **é o processo que se refere a estabilidade e mudanças nas características biopsicológicas dos seres humanos** durante o curso de suas vidas e através de gerações."

Bronfenbrenner e Morris (1998)

<mark>No final da</mark> década de 1970, apareceu, no cenário educacional, uma nova teoria sobre o desenvolvimento humano, que ampliou a visão das pesquisas que relacionam desenvolvimento e aprendizagem: a teoria bioecológica do desenvolvimento humano, de Urie Bronfenbrenner.

As pesquisas e os estudos de Bronfenbrenner seguem uma abordagem que entende o desenvolvimento de forma contextualizada, isto é, devemos buscar entender o indivíduo no contexto em que está inserido e no qual se desenvolve. Para o autor, nós nos desenvolvemos como humanos em um ambiente ecológico, cercados por pessoas e em ambientes variados.

Dada sua relevância para o campo educacional, bem como para o cenário da educação de pessoas com deficiência intelectual, vamos dedicar este capítulo a entender o que propõe Bronfenbrenner.

Veremos as origens do pensamento desse pesquisador, sua proposta teórica e o que sugere para aplicação no contexto da aprendizagem, na tentativa de compreender como ocorre o desenvolvimento humano na perspectiva bioecológica. Para tal, vamos nos basear nos escritos de Bronfenbrenner e nas contribuições de autores que produziram conhecimento sobre o tema, como Sheehy (2006) e Benetti et al. (2013).

3.1 Vida e obra de Bronfenbrenner

Em seu livro *50 grandes psicólogos: suas ideias suas influências*, Sheehy (2006) descreve a vida e a obra de Bronfenbrenner e de outros psicólogos de relevância no decorrer da história da psicologia. Segundo essa referência, Urie Bronfenbrenner nasceu em 29 de abril de 1917, na antiga União Soviética, hoje Rússia, em Moscou, ou seja, no início da ascensão comunista. Quando tinha seis anos, sua família, judia, imigrou para os Estados Unidos (1923), onde viveu por um tempo em uma instituição estadual, na zona rural, para tratamento de pessoas com necessidades especiais, a New York State Institution for the Mentally Retarded, na cidade de Nova York, onde seu pai trabalhava como neuropatologista (Sheehy, 2006).

Sobre sua formação, a autora relata que Bronfenbrenner graduou-se em psicologia e em música em 1938. Fez mestrado em psicologia na Universidade de Harvard em 1940, aos 23 anos, e concluiu seu doutorado, também em psicologia, na Universidade de Michigan em 1942, aos 25 anos. Alistou-se no exército americano em 1942, quando exerceu a atividade de psicólogo até 1945. Depois da Segunda Guerra Mundial, trabalhou nas universidades de Michigan e de Cornell, e nelas começou suas pesquisas sobre o desenvolvimento humano e sobre famílias (Sheehy, 2006).

Conforme Sheehy (2006), por volta de 1960 Bronfenbrenner envolveu-se na elaboração e na implementação de projetos governamentais e não governamentais com enfoque no desenvolvimento humano. Duas décadas depois, em 1979, publicou o livro *A ecologia do desenvolvimento humano: experimentos naturais e por delineamento*. Em 1992, denominou sua teoria de *teoria dos subsistemas ecológicos*; nesse momento, fez algumas redefinições de conceitos e descreveu o cronossistema. Só em 1995 que chamou sua teoria de *paradigma bioecológico*. Em 2005, Bronfenbrenner publicou seu último livro: *Humanizando seres humanos: perspectivas bioecológicas do desenvolvimento humano*.

Bronfenbrenner morreu aos 88 anos, em Ithaka, NY, Estados Unidos, em 25 de setembro de 2005.

3.2 Origens do pensamento bioecológico de Bronfenbrenner

Bronfenbrenner estava muito insatisfeito com as teorias de desenvolvimento vigentes na psicologia durante seu período de formação acadêmica. Como outros psicólogos, poderia simplesmente continuar insatisfeito e crítico, mas ele foi além. De suas críticas às abordagens sobre o tema, partiu para a elaboração e o aperfeiçoamento de sua teoria, hoje conhecida como *teoria bioecológica do desenvolvimento humano* (TBDH). Teoria respeitada, a TBDH influenciou o pensamento e as práticas de muitos psicólogos e pesquisadores contemporâneos.

Conforme Benetti et al. (2013), Bronfenbrenner refutou primeiramente a ideia de que a ciência social, para ser confiável, deveria ser pura, neutra e descontextualizada, conforme pregavam o associacionismo dicotômico e as ideias positivistas da época. A fragmentação nas análises das pesquisas sobre o desenvolvimento humano o incomodava, sobretudo por abordar crianças, famílias e sociedade de forma dissociada.

Não havia estudos que considerassem o desenvolvimento nos contextos no qual o ser humano estava inserido, nem as relações entre eles (Benetti et al., 2013). Assim, a teoria de Bronfenbrenner pode ser considerada como uma teoria sistêmica aplicada ao estudo do desenvolvimento familiar e humano.

O pensamento sistêmico é descrito por Vasconcelos (2002) como um paradigma que teve origem após a Segunda Guerra Mundial, em 1950, com Ludwig von Bertalanffy (1901-1972). Biólogo austríaco, von Bertalanffy considerava limitado o poder explicativo do paradigma positivista sobre os organismos. Na visão sistêmica, diferentemente, o organismo é um sistema complexo, constituído por vários elementos interconectados, que devem ser compreendidos em suas particularidades e, correlatamente, como totalidade.

Bronfenbrenner foi diretamente influenciado pelas ideias de Vygotsky e Kurt Lewin, as quais vieram ao encontro das observações feitas por ele durante sua infância, após ter imigrado da Rússia para os Estados Unidos. A experiência compartilhada com seu pai na New York State Institution for the Mentally Retarded lhe propiciou viver e crescer em um contexto multicultural, no qual teve a oportunidade de conviver com crianças de diferentes raças e culturas. Acompanhar o desempenho dos "doentes mentais" abrigados nessa instituição trouxe a Bronfenbrenner a curiosidade que o levou, mais tarde, a estudar sobre o desenvolvimento humano. Dessa experiência, Bronfenbrenner aprendeu a valorizar o contexto como elemento importante e primordial para o desenvolvimento humano, tomando como base teórica as proposições de Vygotsky e Lewin, bem como os princípios da teoria sistêmica.

Em sua teoria sócio-histórica, Vygotsky (1978) propôs que o desenvolvimento humano é o resultado das interações entre o indivíduo e seu contexto social e que tal desenvolvimento não pode ser compreendido separado do contexto sociocultural no qual as pessoas estão inseridas (Vygotsky, 1978). Tais proposições reforçaram as ideias de Bronfenbrenner, que, por ter vivido e crescido em um cenário de convívio com diferenças culturais, já acreditava na **influência do contexto** para o desenvolvimento humano.

As ideias de Lewin, estudioso da teoria do campo, também trouxeram embasamento para a teoria de Bronfenbrenner e exerceram grande impacto sobre ele e sua teoria. Segundo Bargal, Gold e Lewin (1992), Bronfenbrenner e Lewin se conheceram na Universidade de Cornell em 1938, quando Bronfenbrenner estudava psicologia e música e Lewin era professor na instituição. Nessa época, Lewin desenvolvia sua teoria de campo, a qual enfatizava que as atividades psicológicas acontecem em um espaço que contém todos os eventos passados, presentes e futuros, que moldam e afetam o comportamento do indivíduo, e a qual relacionava esse comportamento às influências sociais (Bargal; Gold; Lewin, 1992).

Bronfenbrenner revisou e reformulou sua teoria constantemente. Uma primeira proposição, denominada *modelo ecológico*, em 1979, destacou o ambiente como elemento fundamental para a compreensão de como o indivíduo se desenvolve. Treze anos depois, em 1992, aprimorou esse modelo, enfocando os aspectos do desenvolvimento vinculados à pessoa, e mudou a denominação para *teoria dos sistemas ecológicos*. A teoria continuou evoluindo para uma **dimensão bioecológica** do desenvolvimento humano e, além da interdependência entre indivíduo e contexto, passou a considerar as características do indivíduo em desenvolvimento em relação às influências dos aspectos que constituem o **modelo PPCT** – pessoa, processo, contexto e tempo – elementos centrais da teoria bioecológica (Bronfenbrenner; Morris, 1998).

Nessa perspectiva, mais avançada, que tem como ponto central o indivíduo e suas disposições e que leva em conta a dimensão do tempo e a interação entre a pessoa e o contexto, a teoria passou a denominar-se *modelo bioecológico de desenvolvimento humano* e, atualmente, *teoria bioecológica do desenvolvimento humano*.

3.3 A teoria bioecológica e os contextos de desenvolvimento (pessoa, processo, contexto, tempo)

A teoria de Bronfenbrenner busca compreender o ser humano de maneira ampla, integral e sistêmica. Por esse motivo, tem sido considerada, por vários estudiosos da área, um marco teórico na compreensão do desenvolvimento humano.

Bronfenbrenner defende que o desenvolvimento é um processo que envolve uma dinâmica de estabilidades e mudanças nas características biopsicológicas dos indivíduos durante o curso de sua vida e, também, através de gerações (Bronfenbrenner; Morris). Assim, podemos inferir que, para melhor entender o desenvolvimento humano, devemos considerar todo o sistema bioecológico que envolve o indivíduo durante seu desenvolvimento. Nessa teoria, portanto, o indivíduo é compreendido por meio de suas características biológicas, físicas e psicológicas na interação com o ambiente durante sua existência, em um tempo social e cultural. Desse modo, o desenvolvimento depende de quatro dimensões que interagem entre si, como já citamos: processo, pessoa, contexto e tempo (modelo PPCT), as quais veremos resumidamente a seguir.

3.3.1 Processo

O processo é o principal mecanismo responsável pelo desenvolvimento. Refere-se às interações ativas e recíprocas que acontecem de maneira gradativa, quanto à complexidade, entre o sujeito e pessoas, objetos e símbolos presentes em seu ambiente imediato (Leme et al., 1994, citados por Bronfenbrenner; Morris, 1998).

Bronfenbrenner (2005) explica que essas formas particulares de interação entre organismo e contexto são primordiais, devem ser entendidas como processos proximais e têm de ocorrer regularmente em longos períodos. Os processos proximais são considerados os motores do desenvolvimento, o qual se difere de acordo com as características individuais e do contexto tanto espacial quanto temporal. É por meio do engajamento em tarefas e das interações com o contexto que o indivíduo consegue dar sentido ao seu mundo e, a partir daí, transformá-lo (Bronfenbrenner, 2005).

3.3.2 Pessoa

Bronfenbrenner (2005) considera os fatores biológicos e genéticos no desenvolvimento e dá especial atenção às características pessoais, como convicções, temperamento, metas, motivações, gênero, entre outras, que os indivíduos trazem para as situações sociais. Esses atributos da pessoa foram divididos em três tipos e nomeados por ele como: *demandas, recursos e disposições/força*.

As **demandas**, segundo Bronfenbrenner e Morris (2006), são características comportamentais que movem os processos proximais e mantêm suas operações. Interferem diretamente no desenvolvimento. São disposições que agem como um estímulo imediato em direção a outra pessoa, por exemplo, a curiosidade e a capacidade de resposta, conforme fatores tais como idade, cor da pele, aparência física etc. As demandas podem influenciar as interações iniciais segundo as expectativas do indivíduo, ou retardar e até impedir que elas aconteçam. Podem favorecer os processos de crescimento psicológico e também os impedir por meio de mecanismos como impulsividade, distração, apatia, insegurança e timidez (Bronfenbrenner; Morris, 2006).

Os **recursos** podem ser entendidos como características que influenciam a capacidade que o indivíduo tem para engajar-se em processos proximais ativos: habilidades, experiências e inteligência (que, nesse caso, pode ser entendida como cognição e emoção). São diferentes dos processos de demanda, pois não são imediatamente percebidos. Há também os **recursos sociais e materiais** promotores de processos proximais, tais como acesso à boa comida, moradia, cuidado parental, oportunidades educacionais apropriadas a determinada sociedade etc., e os recursos que funcionam como **elementos perturbadores**, como deficiências genéticas, lesões cerebrais, deficiências graves etc. São os "passivos" e os "ativos" biopsicológicos que influenciam a capacidade de um organismo em se engajar efetivamente em processos proximais (Bronfenbrenner; Morris, 2006).

Por fim, as **disposições/força** estão relacionadas ao temperamento das pessoas em suas mais variadas nuances, bem como à motivação e à persistência. Estas últimas envolvem a resiliência, que é a capacidade do indivíduo persistir em atividades que lhe são apresentadas de forma desafiadora e complexa. Duas pessoas submetidas às mesmas circunstâncias adversas, com o mesmo tipo de recursos, podem seguir caminhos bem diferentes: uma pode ver a adversidade como limitadora, e a outra, como oportunidade impulsionadora. (Bronfenbrenner; Morris, 2006).

Portanto, a personalidade e o caráter é que vão determinar a disposição, a força e a persistência.

3.3.3 Contexto

Conforme Benetti et al. (2013, p. 93), é possível descrever *contexto* como "qualquer evento ou condição fora do organismo que pode influenciar ou ser influenciado pela pessoa em desenvolvimento".

O contexto pode ser dividido em quatro subsistemas, que atuam para dar suporte ao desenvolvimento da pessoa: microssistema, mesossistema, exossistema e macrossistema. Da forma como Bronfenbrenner (1993) os considera organizados, eles "auxiliam a descrever e analisar os contextos de vida – proximais e distais – do desenvolvimento humano".

O **microssistema** representa um contexto primário de desenvolvimento. É em seu entrono que ocorre todo o desenvolvimento do ser humano. O homem, como um ser biopsicossocial, exerce influência e é influenciado pelo ambiente, no qual exerce papéis sociais, realiza atividades e desenvolve interações. Em decorrência, essa estrutura possibilita ao homem envolver-se em atividades conjuntas e crescentes em grau de complexidade, apoiado pela mediação das pessoas em sua volta que já tiveram tais experiências e, portanto, que têm conhecimentos e competências que ela ainda não detém (Bronfenbrenner; Morris, 2006). São exemplos de microssistema a família, a escola, o local de trabalho, a igreja, o clube etc.

Já o **mesossistema** compreende a interação entre dois ou mais microssistemas nos quais a pessoa em desenvolvimento está inserida. Polônia, Dessen e Silva (2005) explicam que o mesossistema é caracterizado pela vinculação entre os microssistemas, a qual tanto pode promover quanto inibir o desenvolvimento. Um bom exemplo são os microssistemas familiar e escolar, os quais se unem para promover o desenvolvimento da criança, mas há, porém, a possibilidade de ir bem em um microssistema e não tão bem no outro. Daí a importância da qualidade das relações e da presença de um olhar observador.

O **exossistema** (assim como o mesossistema) transita de forma influente entre dois ou mais contextos. Nesse caso, no entanto, a pessoa está fora dele. Por exemplo, uma criança que indiretamente é influenciada pelo que ocorre no emprego dos pais. Embora seja distante da criança, a situação pode afetá-la se a empresa permite que a mãe saia para amamentá-la ou quando uma transferência ou um aumento no volume de trabalho contribuem para que o comportamento estressante dos pais bloqueie um cuidado de qualidade para seu filho (Bronfenbrenner, 2005).

Por fim, o **macrossistema**, para Bronfenbrenner, segundo descrição de Benetti et al. (2013, p. 94),

> É um contexto de estrutura mais ampla, e compõe-se de todos os padrões globais do micro, meso e exossistema, que fazem parte das culturas, crenças, valores e costumes dominantes na sociedade, juntamente com os sistemas sociais, políticos e econômicos – recursos, riscos, oportunidades, opções e estilos de vida, padrões de intercâmbio social – predominantes em uma cultura, que filtram e orientam os comportamentos do cotidiano do indivíduo, que estão incluídos em cada um desses sistemas, e que podem afetar transversalmente os sistemas nele inclusos. É a arquitetura – de dimensão societal – de uma (sub)cultura, ou de outro contexto social mais amplo.

É possível explicar o macrossistema ao serem considerados os eventos que influenciam o contexto familiar, por exemplo, o caso de uma criança que cresce em uma família nuclear ou extensa e é fortemente influenciada pelo macrossistema da cultura presente nesse contexto.

A seguir, veremos uma das dimensões mais importantes da teoria bioecológica do desenvolvimento humano. Ela foi incorporada posteriormente às demais, e hoje passou a ser chamada de *cronossistema*.

3.3.4 Tempo, ou cronossistema

O tempo, ou cronossistema, considera o desenvolvimento humano em suas relações com o tempo, além das relações interativas com os elementos citados anteriormente.

Benetti et al. (2013, p. 94) assim definem *cronossistema*.

A estrutura que adiciona dimensões de tempo às estruturas existentes, ao captar as mudanças do meio – o grau de estabilidade ou mudanças na vida dos indivíduos face aos eventos ambientais e as transições que ocorrem ao longo da existência, que produzem condições que afetam o desenvolvimento das pessoas. É o efeito do tempo sobre outros sistemas, cujas dimensões estão vinculadas aos atributos da pessoa, aos processos proximais e aos parâmetros do contexto.

Nessa perspectiva, fica claro como o homem, seu desenvolvimento e seus contextos estão sob a influência impactante do macrossistema, como mudanças no cenário político mundial, crises econômicas, guerras, avanços científicos etc. Alterações no sistema familiar, em qualquer âmbito e dimensões, também causam impactos, pois estão todos sob a égide do efeito do tempo. Logo, é possível entender que:

> O desenvolvimento ocorre através da interação entre a pessoa em desenvolvimento e os cinco contextos – micro, meso, exo, macro e cronossistema – interconectados, que se influenciam, promovendo interação e desenvolvimento em uma construção que alberga desde o grupo mais próximo até a realidade mais distante que atinge e impregna a vida social. (Benetti et al., 2013, p. 95)

Na perspectiva da teoria bioecológica, o desenvolvimento humano é interativo e contextualizado. O indivíduo é um ser ativo, interativo e coparticipante no próprio processo de desenvolvimento e, também, dependente de outros que com ele interagem.

Em sua teoria, as características biopsicológicas da pessoa são as bases sobre as quais Bronfenbrenner repousa suas reflexões. É sobre essas características que estão as formas particulares de interação, as quais perpassam pelo tempo. Elas efetivam os processos proximais como mecanismos primários, os quais, de fato, produzem o desenvolvimento humano (Bronfenbrenner; Morris, 1998).

3.4 As relações do contexto com o cronossistema

Segundo a importância dos contextos e do tempo, sem condições de desprezar as relações entre eles, Leme et al. (1994, citados por Bronfenbrenner, 1994, p. 5) afirmam que:

> O cronossistema é constituído por mudanças ou estabilidades que ocorrem nas características biopsicológicas da pessoa ao longo do seu curso de vida e, também, aquelas que se verificam ao longo das gerações nos sistemas social, econômico, político e cultural e que são afetadas pelo momento histórico.

Se nos debruçarmos sobre essa afirmação, podemos entender como ocorre o desenvolvimento humano conforme suas interações. Segundo Bronfenbrenner (2002), o padrão como qualquer pessoa se relaciona com o ambiente e em suas relações sociais pode ser ampliado ou modificado, e isso ocorre por meio das relações recíprocas entre suas características biopsicológicas e as propriedades do contexto histórico em questão (Bronfenbrenner, 2002).

Quando Bronfenbrenner fala em *contexto de desenvolvimento*, refere-se ao meio ambiente em que o indivíduo está inserido e no qual acontecem seus processos de desenvolvimento. Todos os ambientes descritos pelo autor (micro, meso, exo e macrossistema), desde os mais imediatos até os mais remotos, em que a pessoa nunca esteve, mas que se relacionam e têm o poder de influenciar o curso de desenvolvimento, estão inter-relacionados e têm relação com o tempo, nesse caso, entendido como um elemento histórico.

Para Bronfenbrenner e Morris (1998), eventos históricos podem alterar o curso de desenvolvimento humano, já que podem ocorrer em qualquer direção, não só para indivíduos, mas para toda uma sociedade. A passagem de tempo, em termos históricos, tem efeitos profundos em todas as sociedades, em algumas mais dramaticamente; nenhuma escapa dessa influência. Pequenos episódios da vida familiar são significativos e influenciam no desenvolvimento das pessoas e de todos os membros da família em dado momento de suas vidas, assim como mudanças nos padrões sociais que ocorrem no transcorrer do tempo sócio-histórico (Bronfenbrenner; Morris, 1998).

3.5 Proposta da teoria como perspectiva de futuro

Não há dúvidas de que os estudos sobre desenvolvimento humano de Bronfenbrenner são referência de mudança de paradigmas no campo da psicologia. Como vimos anteriormente, antes de sua teoria, o desenvolvimento humano era estudado de forma fragmentada: crianças, famílias, sociedade etc. Suas ideias renovadoras, principalmente no que se refere à bioecologia do desenvolvimento humano, sugerem uma inter-relação de elementos durante o curso de vida do sujeito.

Conforme Benetti et al. (2013, p. 98), a contribuição de Bronfenbrenner para o futuro das pesquisas no campo da psicologia e suas aplicações é vista da seguinte maneira:

> Ele "sentiu" e "proclamou", no sentido dado por Carlos Drummond de Andrade, uma teoria ontologicamente dialética, antropologicamente inter-relacional, epistemologicamente construtivista-interacionista. Além disso, fez discípulos apaixonados pelo que ele "sentiu" e "proclamou", dispostos a ancorar-se em suas pressuposições para dar continuidade a seu legado, evidenciado a necessidade de continuar na incessante busca pela construção de um trabalho que possa contribuir com métodos fiéis, compatíveis e rigorosamente científicos, capazes de uma vez aplicados, trazer probidade digna de reaplicabilidade e reconhecimento acadêmico.

Claramente, podemos ver a história de vida de Bronfenbrenner como uma representante de sua teoria. A infância no New York State Institution for the Mentally Retarded, as relações com a multiculturalidade, o impacto dos eventos históricos, particularmente da Revolução Russa, a imigração de sua família para os Estados Unidos, seus estudos, o exercício de docência em diferentes universidades e o contato com vários pesquisadores da área da psicologia cunharam o caráter humano e científico do pesquisador.

Na atualidade, Bronfenbrenner é um cientista respeitado por sua responsabilidade e cientificidade. Seus estudos foram pautados pela responsabilidade para com o indivíduo e a sociedade em seus contextos diversos. Seus pressupostos teóricos defendem a visão sistêmica e integrada da pessoa com seu contexto e sugerem veementemente que o procedimento deve ser reproduzido para fomentar políticas públicas mais adequadas à promoção do desenvolvimento humano. Assim, Bronfenbrenner influenciou pesquisadores de todas as áreas para que levassem em conta as diferenças individuais e os fatores impulsionadores ou limitantes que atuam sobre as pessoas.

Uma de suas bandeiras mais notórias, e com a qual nos identificamos, é a defesa de que não devemos apenas lutar pela promoção de conhecimentos precisos sobre o desenvolvimento humano, mas principalmente agir sobre esse conhecimento para melhorar a vida das pessoas. Para Bronfenbrenner, conhecimento está relacionado com **ação**.

O que muitos psicólogos consideram como a principal contribuição de Bronfenbrenner e de seu modelo PPCT para a compreensão do desenvolvimento humano é ter conseguido impactar o cenário científico das pesquisas em psicologia no tocante aos estudos sobre o desenvolvimento humano. Sua teoria redimensiona a atenção dada a esse aspecto, até então, nos estudos do desenvolvimento, com uma mudança de paradigmas – do enfoque no indivíduo descontextualizado para a pessoa em desenvolvimento, em uma interação dinâmica com seu contexto histórico (múltiplos contextos) e durante o acontecer de sua existência.

A educação sempre sofreu influência das pesquisas e das tendências de campos como a psicologia do desenvolvimento, a sociologia e a antropologia. Esses estudos subsidiam, tradicionalmente, os avanços na compreensão do processo ensino-aprendizagem. Assim, e sob influência de teorias sistêmicas, o desenvolvimento de práticas educativas que fomentem o desenvolvimento integral das crianças vai além do aprender fragmentado e descontextualizado, revelando o quanto o **contexto** é condição importante para o curso de desenvolvimento das crianças.

No desenho da teoria de Bronfenbrenner, diferentes culturas podem ser contempladas com infinitas possibilidades para o desenvolvimento e a aprendizagem. **Família e escola** são contextos importantes para isso na atualidade (Bhering; Sarkis, 2007).

Em suma, a proposta teórica de Bronfenbrenner defende a importância das interações entre contexto e indivíduo e do desenvolvimento multidirecional. Nesse referencial, também precisamos compreender que continuidade e mudança (nas características biopsicológicas dos seres humanos) geram desenvolvimento. Isso pode ocorrer tanto no âmbito individual quanto em grupo e perpassa pela vida pessoal ou geracional, sob a égide do tempo histórico, promovendo desenvolvimento (Bronfenbrenner, 2005). Sobre isso, o próprio autor esclarece que o desenvolvimento humano acontece por meio de processos gradativamente mais complexos de interação recíproca de um sujeito ativo e pessoas, ambientes e símbolos de seu ambiente imediato. Bronfenbrenner chama esse processo recíproco de *processo proximal*, que, para ter efeitos no desenvolvimento, segundo seus postulados, deve ocorrer de forma regular durante um período extenso de tempo (Bronfenbrenner, 1995).

Portanto, nessa perspectiva, "as pessoas em desenvolvimento são vistas em uma interação dinâmica – foco nos processos proximais – com os múltiplos contextos nos quais estão inseridas, que podem afetar diretamente seu bem-estar biopsicossocial" (Benetti et al., 2013, p. 98).

Desse modo, devemos retomar a questão do desenvolvimento de pessoas com deficiências e sua escolaridade, a qual nos leva ao conceito de **ambiente ecológico**: "um sistema de conjunto de estruturas encaixadas que apoiam e orientam o desenvolvimento no sentido de sustentar atividades, papéis e relações interpessoais" (Faciola, 2012, p. 29). Essa proposição vem ao encontro das necessidades de uma prática inclusiva para a pessoa com deficiência e das necessidades educativas especiais também no que se refere aos contextos e aos macrossistemas. Toda relação sistêmica que permeia a teoria bioecológica do desenvolvimento humano tem sido de grande contribuição para os programas inclusivos, seja no âmbito do ensino regular, seja na modalidade da educação especial.

Em sintonia com essa proposta, conforme Carvalho (2016, p. 8), temos o modelo de desenvolvimento adotado pela AAIDD:

> O modelo de desenvolvimento adotado pela AAIDD (2010) defende que os contextos nos quais a pessoa vive, bem como a identificação e o provimento sistemático dos apoios de que necessita, são capazes de contribuir para o seu desenvolvimento, sua aprendizagem, qualidade de vida, bem-estar e participação social. Nessa perspectiva, a identificação dos apoios, considerando sua intensidade, frequência, duração e domínios de aplicação, deve fazer parte de quaisquer projetos e momentos da vida da pessoa, como catalisadores de suas funções, em diversas situações e ambientes: desenvolvimento humano, ensino-aprendizagem, família, vida comunitária, participação escolar, bem-estar pessoal, saúde, segurança, comportamento, saúde, relações interpessoais, dentre outros.

Por fim, concluímos que o modelo PPCT de desenvolvimento aponta para o futuro, sob uma perspectiva sistêmica, ampla, integrada, integral e dialógica na forma de entender o ser humano.

Síntese

Neste capítulo, apresentamos a teoria bioecológica do desenvolvimento humano (pessoa, processo, contexto, tempo), de Urie Bronfenbrenner, dada sua relevância para o campo educacional, bem como para o cenário da educação de pessoas com deficiência intelectual. Seus estudos seguem uma abordagem que entende o desenvolvimento de forma contextualizada, isto é, buscam entender o indivíduo no contexto em que está inserido e no qual se desenvolve.

Vimos, ainda, as origens do pensamento de Bronfenbrenner, sua proposta teórica e de aplicação no contexto da aprendizagem.

Indicações culturais

BARRETO, A. de C. Paradigma sistêmico no desenvolvimento humano e familiar: a teoria bioecológica de Urie Bronfenbrenner. **Psicologia em Revista**, Belo Horizonte, v. 22, n. 2, maio/ago. 2016. Disponível em: <http://pepsic.bvsalud.org/scielo.php?script=sci_arttext&pid=S1677-11682016000200003>. Acesso em: 4 nov. 2019.

> Este artigo apresenta e discute os conceitos da teoria bioecológica de Urie Bronfenbrenner, que é fundamentada no paradigma sistêmico do desenvolvimento familiar e humano. Para o conhecedor iniciante de Bronfenbrenner e de sua teoria, o artigo é leitura obrigatória.

Atividades de autoavaliação

1. Sobre Urie Bronfenbrenner e o modelo bioecológico do desenvolvimento humano, assinale V para as assertivas verdadeiras e F para as falsas:
   ( ) Foi influenciado pelo marxismo.
   ( ) Sofreu influência das ideias de Charles Darwin.
   ( ) Foi influenciado pelas ideias de Vygotsky e Lewin, as quais vem ao encontro das observações feitas por ele durante sua infância.
   ( ) Sofreu influência das ideias sistêmicas de Ludwig von Bertalanffy, biólogo austríaco.
   ( ) Foi influenciado pelas ideias positivistas de sua época.

2. Os elementos básicos da teoria bioecológica do desenvolvimento humano, de Bronfenbrenner, são:
   a) pessoa, contexto e tempo.
   b) pessoa, processo e tempo.
   c) pessoa, processo, contexto e tempo.
   d) tempo e contexto.
   e) Nenhuma das alternativas está correta.

3. Quais os subsistemas da dimensão *contexto* da teoria bioecológica do desenvolvimento humano?
   a) Pessoa, processo, contexto e tempo.
   b) Pessoa, contexto, microssistema e macrossistema.
   c) Microssistema, mesossistema, exossistema e macrossistema.
   d) Pessoa, microssistema, contexto e mesossistema.
   e) Processo, exossistema, tempo e macrossistema.

4. Sobre a importância das relações dos contextos com o cronossistema, assinale V para as assertivas verdadeiras e F para as falsas.

( ) O cronossistema é constituído por mudanças ou estabilidades que ocorrem nas características biopsicológicas da pessoa ao longo de seu curso de vida.

( ) O cronossistema é constituído por mudanças ou estabilidades que ocorrem ao longo das gerações nos sistemas social, econômico, político e cultural e que são afetadas pelo momento histórico.

( ) O contexto de desenvolvimento não se refere ao meio ambiente em que o indivíduo está inserido, mas apenas ao meio no qual ele se desenvolve.

( ) Eventos históricos podem alterar o curso de desenvolvimento humano e ocorrem em qualquer direção, não só para indivíduos, mas também para toda uma sociedade.

( ) Pequenos episódios da vida familiar não são significativos e não influenciam no desenvolvimento das pessoas nem nos padrões sociais que ocorrem no transcorrer do tempo sócio-histórico.

5. Sobre a dimensão *pessoa* no modelo PPCT, de Urie Bronfenbrenner, é correto afirmar que:
   a) Bronfenbrenner desconsidera fatores biológicos e genéticos no desenvolvimento e nas características pessoais, como convicções, temperamento, metas, motivações, gênero, entre outras.

b) Bronfenbrenner considera os fatores biológicos e genéticos no desenvolvimento e dá especial atenção às características pessoais que os indivíduos trazem para as situações sociais. Esses atributos da pessoa foram divididos por ele em três tipos e assim nomeados: *demandas, recursos* e *disposições/força*.

c) Os recursos podem ser entendidos como habilidades, experiências e inteligência e, semelhantemente à dimensão *demanda*, são percebidos facilmente.

d) Para Bronfenbrenner, todos os recursos sociais e materiais funcionam como elementos perturbadores, pois influenciam negativamente na capacidade de um organismo em se engajar efetivamente em processos proximais.

e) Os processos proximais ativos (habilidades, experiências e inteligência) são importantes apenas em determinada fase da vida do indivíduo, isto é, quando ele ainda é bem pequeno (na primeira infância), não ocorrendo após essa fase.

Atividades de aprendizagem

Questões para reflexão

1. Em sua opinião, têm sentido as críticas de Bronfenbrenner de que os estudos sobre desenvolvimento são realizados de forma descontextualizada e em ambientes de laboratório (fora do contexto natural em que o indivíduo vive)? O que você pensa a respeito?

2. Veja este pensamento de Bronfenbrenner (1996, p. 87): "Diferentes tipos de ambientes dão origem a padrões distintivos de papéis, atividades e relações para as pessoas que se tornam participantes nestes ambientes". Você acredita que essa ideia pode influenciar a identificação e as propostas de atendimento às pessoas com deficiência intelectual? Por quê?

Atividade aplicada: prática

1. Visite pelo menos três escolas públicas do ensino fundamental e pesquise as seguintes questões:

    a) Verifique, com a equipe pedagógica e administrativa, se o projeto político-pedagógico faz, na metodologia, referência ao modelo PPCT, de Urie Bronfenbrenner. Comente.

    b) Observe se, na prática escolar, as ideias do modelo PPCT estão presentes. Comente.

Capítulo 4
Processo ensino-aprendizagem de alunos com dificuldade intelectual e desenvolvimental

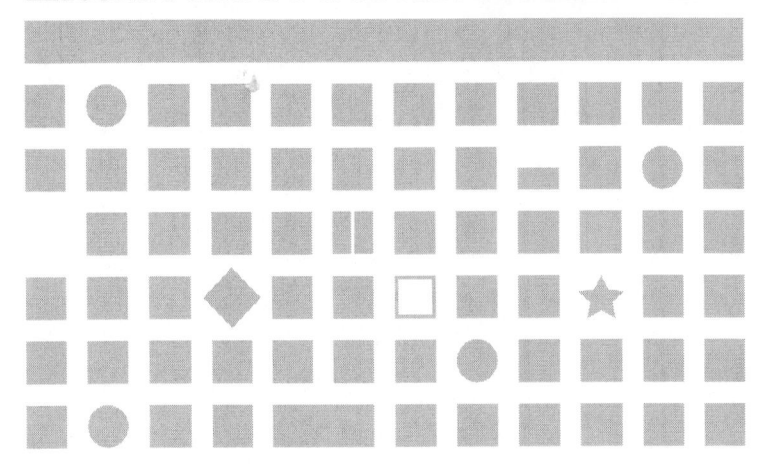

> "Sem a educação das sensibilidades todas as habilidades são tolas e sem sentido."
>
> Rubem Alves

Nós, educadores, sabemos que o que realmente faz diferença para a criança ou a pessoa que aprende é que ambos, professores e alunos, entendam como uma pessoa aprende para que se efetive o processo ensino-aprendizagem, o qual envolve a aquisição, o desenvolvimento e a produção de conhecimentos.

Como sabemos, o tema não é novo, e muita produção já existe nesse campo, portanto não é nossa intenção falar mais do mesmo. Assim, neste capítulo, vamos rever algumas teorias de aprendizagem e destacar os teóricos de relevância e seus conceitos de aprendizagem, especificamente aqueles que se adequam mais às posturas educacionais contemporâneas e inclusivas.

Didaticamente, os autores que se debruçam sobre o tema são divididos em dois grandes grupos: os comportamentalistas e os cognitivistas.

No paradigma comportamental, temos como principais representantes, em ordem histórica: Ivan Pavlov, John Watson, Eduard Lee Thorndike e Burrhus Skinner. No momento, nossa opção é não nos determos nesse grupo, apesar de entendermos a importância de seus estudos para o campo das ciências e da educação.

Logo, veremos com mais vagar as concepções de alguns pensadores cognitivistas. Faremos reflexões sobre a prática associada a essas concepções e a esses conceitos, privilegiando os que podem ser aplicados em sala de aula comum ou na modalidade de educação especial e aqueles que podem nos auxiliar, como profissionais da educação, na compreensão das práticas educacionais.

São estes os pensadores cognitivistas, em ordem histórica e de contemporaneidade: Robert Gagné, Albert Bandura, Jean Piaget, Jerome Bruner, David Ausubel, Lev Vygotsky, Jorge Visca e Juan Ignácio Pozo.

Como não é nossa intenção discutir todas as teorias de aprendizagem profundamente, sugerimos que aqueles que tiverem necessidade ou interesse busquem aprofundamento pessoal. Essas teorias poderão ser estudadas mais profundamente no livro *Como se aprende? Estratégias, estilos e cognição*, de Evelise Portilho (2009).

Nossa reflexão se debruçará sobre as contribuições da teoria de Lev Vygotsky, cognitivista sociointeracionista, por entendermos que suas proposições podem efetivamente impactar de forma positiva o contexto de ensino-aprendizagem, as quais subsidiaram, inclusive, os estudos de Bronfenbrenner, descritos no capítulo anterior.

As contribuições das neurociências serão, pelo menos, indicadas neste capítulo, o qual culminará em reflexões a respeito dos elementos constantes do ensino e da aprendizagem no cenário educacional brasileiro.

4.1 Pressupostos da aprendizagem

Não é novidade aos profissionais da educação a existência de muitos e diferentes pressupostos sobre o papel da escola e de como ocorre a aprendizagem e que tais pressupostos influenciam o modo como os professores realizam seu trabalho e, consequentemente, a forma como os alunos aprendem.

Mas como as pessoas aprendem? Como se apropriam dos saberes advindos da vida prática, de seu dia a dia? Como os alunos se relacionam com os saberes científicos ou socialmente elaborados? Como produzem novos conhecimentos? Essas são questões que estão sendo discutidas há muitas décadas por pensadores e estudiosos do tema. Por ser um tema tão extenso, escolhemos discorrer sobre as ideias de dois grupos distintos: os comportamentalistas e os cognitivistas.

Devemos ter em mente a busca, no cenário educacional atual, de uma prática na qual tenhamos a clareza de que o fenômeno do conhecimento é diferente do fenômeno da informação. Por isso, enfatizamos a contextualização do saber e sua relação com o indivíduo que aprende, que, considerado em sua integralidade, juntamente ao saber, é o pressuposto do sucesso no processo ensino-aprendizagem.

Vejamos, então, como chegaremos a esse ideal.

4.1.1 Abordagem comportamental

O behaviorismo (abordagem comportamental) é uma visão científica do comportamento humano que propõe que este é regulado e que experimentos cuidadosamente controlados (cientificamente) podem revelar as leis que regem esse comportamento. Assim, seus métodos são restritos a procedimentos e dados observáveis.

Na psicologia, o behaviorismo é um conceito que abarca várias teorias, com diferentes enfoques, sobre o comportamento humano.

Os defensores da abordagem comportamental, mais tradicional, da aprendizagem destacam o valor do **ambiente** como meio notadamente estimulador, no qual o indivíduo aprende pelo resultado da quantidade (repetições) de associações realizadas entre **estímulos** e **respostas**, ou seja, sua ênfase está no comportamento operacionalmente definido, observável e mensurável.

Conforme o artigo do Portal Educação *Paradigma comportamental: o que é?*, "esta visão se relaciona ao Condicionamento Clássico, no qual encontramos Ivan Pavlov como precursor da Teoria do Reflexo Condicionado" (Paradigma..., 2013). Segundo essa proposição, o professor, detentor de todo o poder, ensina (em sala de aula), e o aluno aprende (apenas o que lhe é ensinado). Portanto, "desse modo, todos os alunos são levados a pensar, agir e proceder da mesma forma, tendo-se a mesma visão (entendimento e interpretação) da realidade" (Paradigma..., 2013).

No entanto, há mais de 30 anos, Corey (1986, p. 151) já ampliava essa visão alertando para conceitualizações simplistas do indivíduo e pontuando a tomada de decisão da pessoa como um comportamento a ser considerado:

> A abordagem behaviorista não explica quaisquer suposições filosóficas diretamente relacionadas com a natureza humana. Vê-se o indivíduo enquanto dispondo de um potencial igual para tendências positivas e negativas. Os seres humanos são essencialmente modelados e determinados por seu meio sócio-cultural. Todo comportamento é aprendido. Embora os behavioristas acreditem que o comportamento é, em última instância, a resultante de forças ambientais e da dotação

genética do indivíduo, incluem a tomada de decisões como um tipo de comportamento.

Nessa perspectiva, o indivíduo está sujeito ao que o ambiente oferecer, porém não apenas a isso. Na contemporaneidade, a visão comportamental não é determinista, segundo a qual o indivíduo está sujeito somente a influências ambientais e genéticas, excluindo todo e qualquer potencial para a escolha por parte da pessoa (Corey, 1986). Esse pressuposto merece algumas reflexões. Poderíamos nos perguntar: Se o ambiente era considerado o principal promotor da aprendizagem, mas era na escola que se aprendia tudo, o que a escola fazia com os conhecimentos que os alunos traziam de suas casas, da rua onde brincavam com seus amigos ou das igrejas que frequentavam?

Tememos que a resposta a essas indagações, em razão das interpretações reducionistas da abordagem comportamental aplicadas à educação, seja que tais conhecimentos adquiridos nos demais ambientes que norteavam a vida prática e os pensamentos desses alunos tenham sido, por muitas décadas, inibidos e/ou ignorados. O aluno, sob intimidação da pedagogia tradicional, sentia medo e se conformava; dificilmente aprendia no modo como concebemos o aprender na atualidade. Reproduzir legivelmente na escrita ou claramente no verbal era o suficiente para a escola e para aqueles que não tinham problemas na memória de curto prazo ou *deficit* de atenção por alguma condição limitante.

Na contemporaneidade, entendemos que, para que haja uma aprendizagem real, é preciso mais do que fazer com que o processo de ensino (sensorial e mecânico) se articule aos conhecimentos do aluno por meio da realidade em que vive, embora isso já seja um avanço se aplicado à metodologia de ensino tradicional. A lógica desse paradigma que permeou a realidade dos primórdios educacionais situa-se na quantidade de reforços que devem ser dados aos alunos em detrimento da qualidade da formação do conhecimento que pode ser conquistado por ele.

Nossa crítica à abordagem em que o aluno é reduzido a condicionamentos – o qual, por associações, reflexos e estímulos, pode dar respostas ao "aprendizado" (se é que podemos chamar o resultado desses condicionamentos de *aprendizado*) – é o fato de que isso não acontece de forma reflexiva e crítica no tocante à apropriação de conhecimentos elaborados e socialmente acumulados. A construção de novos conhecimentos também não ocorre, a não ser que haja um forte interesse por parte do aluno e autonomia para a aprendizagem, o que, no caso, não é competência a ser desenvolvida sob essa perspectiva.

Ao observar esse cenário, vale considerar que a vertente comportamental aplicada à educação segue um viés bem limitador e mecanicista, o que não é de consenso para todos os estudiosos das teorias comportamentalistas. Assim, utilizamos a abordagem descrita neste texto apenas de forma didática, para enfatizar as diferentes concepções de destaque no campo educacional. Os aspectos dessa abordagem apresentados neste livro, por si só, não caracterizam as contribuições das teorias comportamentais para a aprendizagem – um exemplo são os recursos da Análise Aplicada do Comportamento (ABA), utilizada com autistas e com resultados de sucesso comprovado.

Portanto, se aprofundado o conhecimento das abordagens comportamentais, certamente descobriremos que elas podem contribuir no campo educacional quando aplicadas corretamente.

No modelo da **pedagogia tradicional**, o ensino era marcado por repetições intermináveis, e a alfabetização partia, unicamente, das unidades menores para as maiores, isto é, das letras para os textos. O método era silábico, das letras para as sílabas, depois para as palavras, depois para as frases e, finalmente, para os textos. Isso não significava que os professores estavam determinados a não considerar as experiências de seus alunos, no entanto, era o que acontecia no ensino, de fato.

Eu fui torturada com esse método, pois, quando entrei no primeiro ano (na década de 1960), já sabia ler e escrever, então "aprendia" todos os dias aquilo que já sabia. Saía da escola com sede de saber. Sorte minha que meu irmão era dois anos mais velho e, por isso, eu tinha acesso aos seus livros, que eram mais interessantes e desafiadores para mim. Isso preservou a minha saúde mental. Mas, no final do ano, quase todos os alunos sabiam ler e escrever, e o mais intrigante, para mim, pelo menos, era que ninguém se perguntava quem era **Ivo** e qual a importância de ele ter visto a **uva**, que no caso era um cacho. Lembro-me de que eu não conhecia ninguém chamado *Ivo*, então ficava imaginando como seria o tal e se ele gostava de uvas, porque eu não gostava. Nunca a professora perguntou para nós de que frutas gostávamos. Acho que era porque ela **tinha de seguir a cartilha**, apenas isso.

Vivi um bom exemplo dessa inutilidade alguns anos depois, quando, então, a professora era eu, nos idos de 2002. Eu era professora regente de uma classe especial em uma escola municipal na cidade de Curitiba, no Paraná. Recém-chegada na turma, vinda do interior do estado, minha aluna, que vamos chamar de *Beatriz*, tinha seis anos e uma memória extremamente privilegiada. Ela podia contar e escrever os números na sequência correta até quase o infinito, mas não sabia o que fazer com isso. Não conseguia compreender o conceito de número e não fazia relações entre número e quantidade nem ao menos até cinco. Ela conhecia todas as letras e sabia ler e escrever todas as sílabas e até palavras, porque, uma vez que tivesse visto a escrita, ela jamais esquecia. Porém, faltava-lhe a noção de *significado*.

Felizmente, nessa escola em que Beatriz e eu nos encontramos, a organização pedagógica do currículo era por projetos e, assim, embora com limitações estruturais e cognitivas, ela teve a oportunidade de aprender a pensar, de fazer hipóteses, de tentar solucionar problemas reais de seu dia a dia, contextualizando seu aprendizado.

Dessa breve reflexão a respeito dos condicionamentos propostos pelas teorias de aprendizagem comportamentalistas, podemos chegar a algumas conclusões. Não podemos negar que a rotina e a sistematização são importantes no processo ensino-aprendizagem, principalmente para crianças com dificuldades intelectuais ou desenvolvimentais (deficiência intelectual). Negar a importância do uso da memória mecânica para repetir e decorar certo conteúdo não seria inteligente, nem mesmo de bom senso, pois todos sabemos que memorizar informações como o número do nosso celular ou de nosso Cadastro de Pessoa Física (CPF) é útil e imprescindível diante de nossas necessidades.

No entanto, no que se refere ao ensino, precisamos ir além. É certo que somos seres operantes e condicionados, mas também podemos afirmar que somos muito mais do que isso.

4.1.2 Abordagem cognitivista

A teoria cognitiva surgiu nos Estados Unidos entre as décadas de 1950 e 1960 em contrapartida ao comportamentalismo, descrito no tópico anterior, que defendia a aprendizagem como resultado do condicionamento de indivíduos quando expostos a uma situação de estímulo e resposta.

Na abordagem cognitivista, o termo *cognição* pode ser definido como o conjunto de habilidades mentais necessárias para a **construção de conhecimentos**. Conforme descreve Simonetti (2012):

> Cognição refere-se a um conjunto de habilidades cerebrais/mentais necessárias para a obtenção de conhecimento sobre o mundo. Tais habilidades envolvem pensamento, raciocínio, abstração, linguagem, memória, atenção, criatividade, capacidade de resolução de problemas, entre outras funções.

Por se tratar de habilidades cognitivas, impossíveis de ser transmitidas aos alunos, cabe aos professores com esse entendimento o desenvolvimento destas, desafiando os educandos a pensarem por si próprios, utilizando-se de todos os seus recursos para a resolução de problemas.

Os principais teóricos cognitivistas, entre os quais estão Piaget, Wallon e Vygotsky, defendem que é preciso compreender a ação do sujeito no processo de construção do conhecimento. Apesar de algumas diferenças teóricas, eles procuram compreender como a aprendizagem ocorre nas estruturas mentais do sujeito e o que é preciso fazer para aprender.

> Os fenômenos humanos são biológicos em suas raízes, sociais em seus fins e mentais em seus meios. (Jean Piaget)

No panorama cognitivista, vamos abordar **Jean Piaget** (1896-1980) segundo Teixeira (2015). A perspectiva construtivista de Piaget explica o desenvolvimento cognitivo da criança, que acontece em uma sequência de períodos qualitativamente diferentes. Esses períodos estão descritos no Capítulo 2 deste livro, mas, em suma, Piaget defende que é em cada período (ou estágios) que vai sendo construída a estrutura cognitiva seguinte, mais complexa e abrangente que a anterior. Nesse sentido, a teoria piagetiana considera a inteligência como resultado de uma adaptação biológica, em que o organismo procura o equilíbrio entre assimilação e acomodação para organizar o pensamento. Portanto, é o equilíbrio correspondente a cada nível mental atingido que determina o que o sujeito é capaz de fazer em cada fase de seu desenvolvimento (Teixeira, 2015).

Para Piaget, o começo do conhecimento é a ação do sujeito sobre o objeto, logo, o conhecimento humano se constrói na interação sujeito-objeto. O sujeito opera sobre o objeto a fim de transformá-lo e compreendê-lo. Assim, o desenvolvimento mental ocorre espontaneamente por intermédio de suas potencialidades e de sua interação com o meio.

O segundo representante cognitivista que vamos abordar é **Henry Wallon** (1879-1962). Guimarães (2010) explica que Wallon entende a criança, primeiramente, como um ser emocional que vai se construindo gradativamente em um ser sociocognitivo. Para Wallon, as emoções são o primeiro sistema de comunicação expressivo do ser humano.

Assim, podemos dizer que Wallon "compreende o desenvolvimento cognitivo como um processo social e interacionista, no qual a linguagem e o entorno social assumem um papel fundamental" (Pereira, 2019).

> O indivíduo é social não como resultado de circunstâncias externas, mas em virtude de uma necessidade interna. (Henri Wallon)

Segundo Galvão (2005), Wallon argumenta que as trocas relacionais da criança com os outros são fundamentais para o desenvolvimento da identidade da pessoa. Até os três anos, as crianças estão envolvidas em um mundo subjetivo que se caracteriza pela cultura e pelo mundo simbólico. É um período de indiferenciação. Ela não se diferencia do ambiente, e sua compreensão, do mundo e de si mesma, depende totalmente dos outros. É no outro que ela se constrói como ser que existe, se movimenta e se expressa.

Assim como Piaget, Wallon também categoriza o desenvolvimento em etapas, mas não de forma linear. Ele procura o entendimento do sujeito em sua integralidade: biológica, afetiva, social e intelectual. Dessa forma, para Wallon (1995), a existência do indivíduo se dá pelas necessidades do organismo e pelas exigências da sociedade. O desenvolvimento ocorre por meio de uma construção progressiva em que predominam ora aspectos afetivos, ora cognitivos, estabelecidos pelas relações entre a criança e o ambiente, os quais vão se modificando reciprocamente (Wallon, 1995).

Nessa perspectiva, tanto Vygotsky como Wallon acreditam que o desenvolvimento do ser humano começa por uma preponderância dos fatores biológicos; depois os aspectos sociais começam a tomar relevância e adquirem maior força, evoluindo em complexidade (Galvão, 2005).

Wallon também defende que o ser humano se desenvolve ao passar por crises, conflitos, retrocessos. São as crises que definem seu desenvolvimento, que é descontínuo. A parte cognitiva e social é flexível, por isso, para ele o desenvolvimento não é linear, como já mencionamos.

Wallon (1995) decompõe o desenvolvimento em cinco estágios (ou etapas): estágio impulsivo-emocional; estágio sensório-motor e projetivo; estágio personalista; estágio categorial; estágio da puberdade e adolescência. Nesses estágios, acontecem atividades típicas, específicas a cada um deles. Vamos descrevê-los a seguir pela ótica de Souza et al. (2012, p. 132-137).

Nos dois primeiros estágios, a criança transita entre a descoberta de seus sentimentos (de bem ou de mal-estar), juntamente às formas de comunicar tais sensações e emoções ao mundo, e a exploração do mundo físico, por meio de seu arcabouço psicomotor. Vejamos, a seguir, cada um desses estágios.

1. **Estágio impulsivo-emocional (0 a 1 ano)**: é caracterizado por vários fatores, dentre eles uma movimentação desordenada ocasionada por sensações de bem e mal-estar. Todos seus gestos, mímicas e vocalizações, ou seja, suas maneiras de comunicação expressam algum tipo de emoção. Emoção essa que é a principal característica do estágio impulsivo-emocional; (Souza et al., 2012, p. 132, grifo nosso)
2. **Estágio sensório-motor e projetivo (1 a 3 anos)**: o interesse da criança se volta para a exploração sensória motora do mundo físico (sensibilidade exteroceptiva). As aquisições da marcha e da preensão possibilitam-lhe maior autonomia na manipulação de objetos e na exploração de espaços. Outro marco fundamental deste estágio é o desenvolvimento da função simbólica e da linguagem, o termo "projetivo" empregado para nomear o estágio

deve-se à característica do funcionamento mental neste período: ainda nascente o pensamento precisa do auxílio dos gestos para se exteriorizar, o ato mental projeta-se em atos motores. Ele vê o adulto e age como as atitudes do mesmo. Ao contrário do estágio anterior, neste predominam as relações cognitivas com o meio (inteligência prática e simbólica). (Souza et al., 2012, p. 133, grifo nosso)

Ao passar para o terceiro estágio, a criança conquista sua diferenciação do outro, tornando-se um *eu* com esquema corporal próprio:

3. **Estágio personalista (3 a 6 anos)**: Wallon irá descrever o personalismo como o que vem a ser o estágio do espelho, momento do desenvolvimento infantil, por volta dos 3 aos 6 anos, em que a criança constrói uma imagem externa, um esquema corporal de si. O eu não é um dado original na psicologia humana, senão o fruto de uma longa trajetória, repleta de movimentos críticos ou crises. Mas, para Wallon, tais crises não são vistas como necessariamente negativas, ao contrário são momentos indispensáveis, para a constituição da personalidade, cujas atividades estão sob o predomínio do domínio afetivo. [...] É então que surge a crise do personalismo, momento no qual, com seu eu ainda instável, sincreticamente se mescla ao outro, passa a efetuar o trabalho de diferenciação entre este eu e o outro. É preciso se opor ao outro para afirmar a si. (Souza et al., 2012, p. 134, grifo nosso)

Após o período de diferenciação do outro, a criança passa pelo quarto estágio, um período de diferenciação de si mesmo com o mundo externo. É o chamado *estágio categorial*, um período ditado por leis, que são as seguintes:

4. **Lei de Alternância Funcional**: movimento voltado para o mundo externo e a **Lei de Predominância Funcional**: maior evidência do fator cognitivo. Entre 6 e 7 anos torna-se possível tirar a criança de suas atividades espontâneas para fazer com que ela se dedique às outras que pressupõem autodisciplina, é quando se inicia sua vida escolar. (Souza et al., 2012, p. 135, grifo nosso)

O quinto período estabelece-se como responsável pelos questionamentos e confrontos que irão levar o adolescente à descoberta de si mesmo como uma personalidade autônoma. Isso se dá a partir dos 11 anos:

5. **Estágio da puberdade e adolescência (a partir dos 11 anos)**: nesta etapa é imposta pelo próprio indivíduo uma nova definição dos contornos de sua personalidade. O indivíduo busca uma identidade autônoma, explorando a si mesmo, diante de questionamentos e confrontos. É um estágio altamente influenciado pelas mudanças no corpo e, principalmente, por mudanças hormonais. Nesse estágio o jovem nega a infância, sente-se perdido em relação a si mesmo e a seu corpo, questiona valores paternos e busca fugir do domínio dos mesmos. Há nesta etapa uma necessidade de conquista, de renovação, de aventuras. (Souza et al., 2012, p. 136, grifo nosso)

Para Wallon, o quinto período não é o último do desenvolvimento humano, pois ele considera a aprendizagem um processo *in continuum* e, por isso, nunca estabeleceu um estágio final.

No tocante à educação, a análise de Dourado e Prandini (2001, p. 10) aponta:

> Uma educação humanista, segundo Wallon, deve considerar todas as disposições que constituem o homem completo, mesmo estando desigualmente repartidas entre os indivíduos, pois qualquer indivíduo potencialmente pode se desenvolver em qualquer direção, a depender de seu aparato biológico e das condições em que vive.

Essa concepção traz um olhar para a prática educacional muito mais equânime e inclusiva do que as abordagens anteriores. Se considerarmos que as aptidões só se manifestam se encontrarem uma "ocasião favorável", fica implícito que dar acesso à cultura é função da escola, na qual a educação formal deveria partir das condições da pessoa, do conhecimento de seu desenvolvimento e do pressuposto de sua constituição como ser integral, para promover o desenvolvimento de seu potencial e de suas habilidades.

Por fim, ainda na perspectiva cognitivista, analisemos os pensamentos de **Lev Vygotsky** (1896-1934).

Através dos outros, nos tornamos nós mesmos. (Lev Vygotsky)

Como vimos mais demoradamente no Capítulo 2, Vygotsky não ignora as bases biológicas da espécie humana, mas atribui preponderante importância à dimensão social, a qual fornece instrumentos e símbolos que mediam as relações do indivíduo com o mundo. A esse respeito, Rego (1995) afirma que o aprendizado é considerado, então, um aspecto necessário e fundamental no processo de desenvolvimento das funções psicológicas superiores.

Segundo Pereira (2019),

> Lev Vygotsky (1896-1934) postula que o desenvolvimento do indivíduo e a aquisição de conhecimentos é resultado da interação do sujeito com o meio, através de um processo sócio-histórico construído coletivamente e mediado pela cultura. De acordo com sua teoria, a aprendizagem promove o despertar de processos internos de desenvolvimento que não ocorreriam senão por meio das interações estabelecidas com o meio externo ao longo da vida. Como fruto dessas trocas e interações, o cérebro tem a capacidade de criar novos conhecimentos, isto porque o contato com outras experiências ativa as potencialidades do aprendiz em elaborar seus conhecimentos sobre os objetos, em um processo mediado pelo outro.

Conforme Lakomy (2008), no desenvolvimento de sua teoria, Vygotsky descreve a aprendizagem como a promotora do desenvolvimento. E esse desenvolvimento só ocorre em razão da interação que o indivíduo estabelece com o meio durante toda a sua existência.

Logo, podemos inferir que a contribuição das teorias cognitivas para o campo educacional é trazer luz sobre o processo do aprender, é descortinar o como se aprende. Nas palavras de Pereira (2019),

> é permitir um maior nível de compreensão sobre como as pessoas aprendem, partindo do princípio de que essa aprendizagem é resultado da construção de um esquema de representações mentais que se dá a partir da participação ativa do

sujeito e que resulta, em linhas gerais, no processamento de informações que serão internalizadas e transformadas em conhecimento.

Em que ponto, então, todos os cognitivistas confluem em concordância? Em um dos aspectos mais importantes: no fato de que a aprendizagem é um processo. Assim, precisamos entender como esse processo acontece e que, por ser um processo, a aprendizagem não ocorre automática e instantaneamente. Por ser processual, a aprendizagem precisa de tempo para se efetivar, o que nos reporta às proposições da teoria bioecológica do desenvolvimento humano, de Bronfenbrenner, para declarar que o processo depende de quem aprende, onde aprende, com quem aprende e como aprende.

Na aprendizagem, o papel do professor é de decisiva importância. Ele precisa estar preparado para identificar os conhecimentos prévios dos alunos e a visão particular desses aprendizes, como se organizam e se complementam os conceitos criados no cotidiano e os empreendidos em sala de aula. Só assim, na sequência, o professor pode manipular o meio e favorecer a aprendizagem por meio dos elementos que compõem esse meio. No entanto, o professor não pode acelerar o processo da aprendizagem.

Por ser interno, o processo nem sempre é observável. Aprendizagem, portanto, não se resume à mudança de comportamentos observáveis, o que torna a avaliação um procedimento complexo. O professor precisa compreender, também e além do comportamento observável, os sinais subjetivos para que possa "enxergar" a aprendizagem do outro. Um exemplo é quando o professor vê, durante sua aula, os olhos de seus alunos aumentarem de tamanho ou brilharem, indicando que acabaram de ter um *insight*. Isso pode ser apenas uma tomada de consciência ética, ou uma lembrança que vem consolidar um aprendizado. Logo, afirmar que a aprendizagem é um processo interno implica considerar que aprender é fenômeno processual e de caráter subjetivo.

Por fim, podemos concluir que aprender, nessa perspectiva, envolve o ser como um todo – e, embora exista a concepção de que a pessoa precisa desvendar os mecanismos utilizados na própria aprendizagem, isso merece cautelosa atenção no contexto da educação especial. O estudante com dificuldade intelectual e desenvolvimental (deficiência intelectual), por exemplo, dependendo do grau de comprometimento, não conseguirá identificar tais mecanismos ou explicar como aprendeu. Nesse caso, o professor deve utilizar-se de estratégias e observações contextualizadas para saber se seu aluno aprendeu ou não. Para que isso aconteça de forma eficaz, o docente precisa conhecer bem os seus alunos e ter um referencial teórico metodológico que norteie suas ações pedagógicas.

Assim, se levarmos em consideração os pressupostos teóricos das principais teorias cognitivistas descritas anteriormente, o processo ensino-aprendizagem precisa fazer os olhos dos alunos brilharem e envolver motivação, estratégias, estilos e metacognição (sempre que possível).

4.2 Contribuições da neurociência para a compreensão do processo ensino-aprendizagem

Assim como se faz necessário ao professor buscar conhecimentos subjacentes ao processo ensino-aprendizagem nas teorias psicológicas de desenvolvimento humano e nas teorias de aprendizagem, na contemporaneidade é extremamente necessário que essa busca por conhecimentos amplie-se para o campo da neurociência.

É notório que, nos últimos anos, os estudos no campo das neurociências têm avançado vertiginosamente e contribuído significativa e cientificamente para um maior entendimento sobre o funcionamento do cérebro. Em sua diversidade e complexidade para a aprendizagem, o cérebro deve ser conhecido e compreendido em suas três dimensões: biológica, anatômica e fisiológica. Esse conhecimento mais aprofundado pode ampliar a compreensão do professor quanto ao aprendizado de seus alunos, assim como instrumentalizá-lo para uma prática pedagógica ainda mais eficaz. Dada sua inquestionável importância, a primeira coisa a saber é do que estamos falando. O que é neurociência?

Conforme Relvas (2011, p. 22), "neurociência é uma ciência nova, que trata do desenvolvimento químico, estrutural e funcional, patológico do sistema nervoso. As pesquisas científicas começaram no início do século XIX".

Do início do século XIX até o presente, muitas pesquisas e muitos estudos foram realizados e, desse modo, descobriram-se as funções de cada área do cérebro. Em decorrência, surgiram várias neurociências, cada uma debruçando-se sobre regiões cerebrais diversas e específicas. Atualmente, temos a neurociência molecular, celular, de sistemas, comportamental e cognitiva (Relvas, 2011). Chegamos, portanto, ao ponto de interesse: é a "neurociência cognitiva que se dedica a estudar o pensamento, a aprendizagem, a memória, o uso das linguagens e a execução de habilidades assim como o papel das emoções na construção do saber humano" (Relvas, 2011, p. 23).

No campo educacional, nos últimos anos, da década de 1990 para os dias atuais, a neurociência ganhou cada vez mais espaço de respeito, mas sua eminência veio com o documento publicado pela Organização de Cooperação e Desenvolvimento Econômico (OCDE) em 2003, o qual apontava novas perspectivas sobre a aprendizagem com base em pesquisas sobre o cérebro (OCDE, 2003).

As relações entre os dois campos, **educação** e **neurociência**, são esclarecidos por Guerra (2011, p. 3):

> As neurociências são ciências naturais, que descobrem os princípios da estrutura e do funcionamento neurais, proporcionando compreensão dos fenômenos observados. A educação tem outra natureza e sua finalidade é criar condições (estratégias pedagógicas, ambiente favorável, infraestrutura material e recursos humanos) que atendam a um objetivo específico, por exemplo, o desenvolvimento de competências pelo aprendiz, num contexto particular. A educação não é investigada e explicada da mesma forma que a neurotransmissão. Ela não é regulada apenas por leis físicas, mas também por aspectos humanos que incluem sala de aula, dinâmica do processo ensino-aprendizagem, escola, família, comunidade, políticas públicas.

Pela relevância da neurociência, muitos professores têm buscado por especializações nessa área, a fim de compreender mais amplamente os problemas de aprendizagem que existem nas escolas e assim resolvê-los. Essa busca por novos conhecimentos e por novos caminhos tem sua importância, porém, a solução não é a neurociência que vai fornecer. Não é essa a proposta do campo. A neurociência não propõe uma nova pedagogia que vai "resolver" os problemas da educação. Sobre essa reflexão, Stern (2005, citado por Guerra, 2011, p. 4) afirma:

> a neurociência por si só não pode fornecer o conhecimento específico necessário para elaboração de ambientes de aprendizagem em áreas de conteúdo escolar específicas, particulares. Mas fornecendo *insights* sobre as capacidades e limitações do cérebro durante o processo de aprendizagem, a neurociência pode ajudar a explicar por que alguns ambientes de aprendizagem funcionam e outros não.

Se levarmos em conta esse ponto de vista, o que podemos, como profissionais da educação, esperar da neurociência?

Ao entendermos as neurociências como ciências que estudam o cérebro em suas mais complexas estruturas e funções, inclusive no momento em que o sujeito aprende, podemos fundamentar a prática pedagógica, que é de nossa competência, demonstrando uma maior eficácia das estratégias, uma vez que respeitam os conhecimentos disponíveis sobre como o cérebro funciona nos processos de aprendizagem. Esse conhecimento gera um respeito ainda maior por nossos alunos e nos dá segurança para efetivar nossa prática. Guerra (2011, p. 2) aponta para a promoção de estratégias pedagógicas fazendo as seguintes considerações:

Estas devem ser planejadas com o objetivo de atuar no sistema nervoso. Isto, sem dúvida exige o conhecimento de como este cérebro funciona (conhecimento da neurobiologia).

Segundo a autora, a educação, portanto, teria que ter como uma das áreas fundamentais para o seu desenvolvimento, tais conhecimentos, afinal o cérebro é o órgão principal da aprendizagem.

Logo, se o cérebro é o principal órgão da aprendizagem, quando não aprendemos, o problema está sempre no cérebro?

Para responder a essa pergunta, lembremo-nos dos capítulos anteriores, em que vimos que a aprendizagem não depende apenas do aparato cerebral, mas, de modo geral, tem relação com outros fatores, os quais estão ligados a aspectos pessoais do indivíduo que aprende (saúde, personalidade, temperamento), comunidade em que vive, família, escolas que frequenta, contextos bioecológicos em que está inserido, história de vida, herança genética, aspectos socioculturais e econômicos, políticas públicas para a educação etc. Tais fatores interferem significativamente na aprendizagem e no desempenho acadêmico. Portanto, o cérebro e as novas descobertas das neurociências são apenas mais uma contribuição para o campo educacional no tocante ao processo ensino-aprendizagem.

Assim, no campo das dificuldades intelectuais e desenvolvimentais, precisamos entender uma **etiologia multifatorial** e sua abordagem metodológica, interdisciplinar, e não apenas multidisciplinar.

Muitas são as contribuições das neurociências para a educação. Vamos citar apenas algumas, visto não ser nosso objetivo o aprofundamento desse tema. Relvas (2010, p. 35) aponta uma base de conhecimento: "A aprendizagem se dá pela criação de novas memórias e pela ampliação das redes neurais que armazenam o que já foi trabalhado, por meio das aprendizagens de conceitos e das metodologias que irão formar ou ampliar essas memórias".

Nesse contexto, outras contribuições vêm ao encontro dessa base como facilitadores para a aprendizagem e chamam a atenção para os cuidados que devemos ter com a alimentação dos estudantes em todas as fases de sua escolaridade. Conforme Ribeiro (2013), a ingestão de glicose antes do aprendizado fortalece memórias; a má nutrição afeta negativamente o aprendizado (independentemente do método pedagógico); a alimentação com baixo teor de gorduras sustenta o aprendizado de longo prazo; a forma como reagimos a recompensas também afeta o aprendizado (está comprovado que a relação entre incentivo e motivação obedece a uma **função sigmoide**, de forma que incentivos muito pequenos ou muito grandes, quando aumentados, pouco afetam a motivação). Por fim, a construção de novas redes neurais (que são bases para o aprendizado humano), por meio de ambientes desafiadores, ricos em estímulos, favorecem a motivação e privilegiam a curiosidade.

4.3 Didática e metodologia de ensino para pessoas com dificuldade intelectual e desenvolvimental (deficiência intelectual)

Ao abordarmos a didática e a metodologia para as pessoas com dificuldade intelectual e desenvolvimental (deficiência intelectual), precisamos ter em mente que essas pessoas apresentam uma condição que pode e deve ser vista além de suas limitações, de seus *deficit* ou incapacidades, ou seja, também por suas potencialidades e possibilidades. O estudante com dificuldade intelectual e desenvolvimental (deficiência intelectual) deve ser compreendido segundo uma **abordagem ecológica** que considere a função exercida pela pessoa na interação com o mundo em que vive.

Na modernidade, a dificuldade intelectual e desenvolvimental não é considerada uma doença, um traço pessoal ou um transtorno psiquiátrico, mas, sim, um prejuízo das funções cognitivas causado por alguns fatores que acompanham o desenvolvimento do cérebro. Desse modo, essa condição pode variar de leve a grave, o que diferencia a intervenção que deve acontecer por parte dos professores.

Sobre a questão da terminologia, a denominação *deficiência intelectual*, aprovada em agosto de 2006 em uma Convenção Internacional de Direitos Humanos das Pessoas com Deficiência da ONU, ainda é utilizada na legislação brasileira para referir-se aos estudantes ou às pessoas com dificuldades intelectuais e desenvolvimentais. Esta última expressão, por sua vez, é menos estigmatizante e é a denominação adotada pela AAIDD.

É importante sabermos que o texto das políticas públicas para a educação especial no Brasil está sendo discutido e revisado para mudança em breve.

Portanto, a metodologia de ensino da qual devemos lançar mão para promover um ensino de característica inclusiva deve no mínimo: ser capaz de garantir que o aluno se sinta motivado para aprender na escola; ter qualidade curricular e metodológica; identificar barreiras de aprendizagem e planejar formas de superá-las; efetivar o processo de aprendizagem do aluno, respeitando suas individualidades (Arnal; Mori, 2009).

Com base nessas premissas, precisamos voltar para reflexões e aprendizados anteriores. Como vimos nas contribuições das neurociências, a motivação é elemento de suma importância para que a aprendizagem se efetive, no entanto, não podemos esquecer de que esta não depende apenas dos recursos utilizados pelos professores. Não considerar que a função sigmoide afeta a forma como se reage às recompensas é estar sujeito à frustração, principalmente no que tange ao trabalho com deficientes intelectuais. Funções cognitivas precisam ser levadas em conta para que possamos fazer um ensino de qualidade. Da mesma forma, a qualidade do currículo e as metodologias utilizadas precisam ser implementadas conforme cada necessidade identificada, e o olhar competente do professor possibilitará as **adaptações curriculares** necessárias para cada aluno que assim as necessitem. Além disso, devemos nos lembrar de que as metodologias mais adequadas são aquelas que alcançam os objetivos propostos e promovem a aprendizagem (de todos).

Por fim, podemos afirmar que trabalhar pedagogicamente com alunos com dificuldades intelectuais e desenvolvimentais (deficiência intelectual) é estar sempre identificando as barreiras ao aprendizado (que são muitas e que de muitas formas se apresentam), para descobrir formas de suplantá-las, ou superá-las, ou "ludibriá-las", no sentido de efetivar o processo ensino-aprendizagem.

4.4 Sobre o ensino-aprendizagem de pessoas com dificuldade intelectual e desenvolvimental (deficiência intelectual): a teoria na prática

Vamos considerar que somos professores mais do que apenas **não excludentes, mas inclusivos**. Assim, devemos estar sempre atentos a todos os alunos, principalmente àqueles que necessitam de atendimento diferenciado para alcançar a aprendizagem que lhes é de direito.

A Constituição Federal de 1988 traz como um dos seus objetivos fundamentais "promover o bem de todos, sem preconceitos de origem, raça, sexo, cor, idade e quaisquer outras formas de discriminação" (art. 3°, inciso IV, Brasil, 1988). Define, no art. 205, a educação como um direito de todos, garantindo o pleno desenvolvimento da pessoa, o exercício da cidadania e a qualificação para o trabalho. Em seu art. 206, inciso I, estabelece a "igualdade de condições de acesso e permanência na escola" como um dos princípios para o ensino e, garante, como dever do Estado, a oferta do atendimento educacional especializado, preferencialmente na rede regular de ensino (art. 208) (Brasil, 1988).

A atual Lei de Diretrizes e Bases (LDB), a Lei n. 9.394, de 20 de dezembro de 1996 (Brasil, 1996), assegura, em seu artigo 4°, inciso III, aos alunos com necessidades educacionais especiais, "atendimento educacional especializado gratuito aos educandos com necessidades especiais, preferencialmente na rede regular de ensino" (Brasil, 2001a). Portanto, nossa responsabilidade como professores, pedagogos e gestores educacionais é fazer a mediação competente até que todos os nossos alunos alcancem êxito pleno na realização de suas atividades, na aquisição do conhecimento socialmente elaborado e na produção de conhecimentos.

Agora, vamos à pergunta que não cala nunca: Como fazer isso acontecer?

Primeiramente, o professor e o profissional da educação devem ter como princípio que toda prática pedagógica precisa estar pautada em um referencial legal, teórico e científico apropriado para ancorar seu trabalho. Se isso não acontece, as chances de sucesso diminuem e as intervenções e mediações passam a refletir o discurso do *eu acho que*; assim, corremos o risco de culpabilizar o aluno pelo seu fracasso.

Não é muito incomum encontrarmos professores que trabalham com crianças com dificuldade intelectual e desenvolvimental que, passados alguns meses, revelam em seu discurso o desejo (ou a intenção) de que esses alunos mudem de condição e se adequem ao restante da turma, quando o esperado é que ele, o professor, juntamente à escola, faça as adaptações necessárias para a efetivação da aprendizagem. Nesse contexto, costumamos dizer que não existe criança de inclusão, mas uma escola que é inclusiva, ou que pelo menos deveria ser. É na ação pedagógica competente, para todos, que deve repousar o olhar da escola.

Por essa razão é que nos preocupamos, nos capítulos anteriores, em apresentar um *background* histórico, filosófico e conceitual, de modo a nos situarmos competentemente diante do desafio que é ensinar, levando **todos** a conquistar um pedaço maior de seu próprio espaço. Assim, nos tópicos seguintes, vamos descrever alguns passos norteadores para a ação pedagógica.

4.4.1 Identificação: de quem estamos falando?

Pautados nas teorias de abordagens cognitivistas e bioecológicas do desenvolvimento humano, as quais vimos anteriormente, fica claro que precisamos conhecer nossos alunos e tomar conhecimento de seus contextos de vida e desenvolvimento antes de nos alvorarmos a qualquer tipo de atuação.

Como vimos no Capítulo 3, a teoria bioecológica do desenvolvimento humano, de Bronfenbrenner, sugere observar o indivíduo e suas disposições segundo a dimensão do tempo e a interação entre a pessoa e o contexto. Assim, pode parecer óbvio, mas a primeira coisa a ser feita pelo professor, de fato, é conhecer bem seus alunos.

Consideramos importante que o professor planeje atividades que possam lhe fornecer um **conhecimento preliminar de seus alunos**, o que mais tarde, e por certo, vai se ampliar e se aprofundar no decorrer do ano letivo. Desse modo, devemos levantar o perfil de aprendizagem da turma: o estilo de aprendizagem de cada aluno; suas áreas fortes e limitações; inteligências múltiplas que aparecem com maior destaque ou as que necessitam de mais estímulos etc. São aspectos que fornecem aos professores subsídios relevantes para construir seus planejamentos e elaborar atividades que possam produzir resultados mais eficazes.

O **estilo de aprendizagem**, por exemplo, indica ao professor se o aluno aprende melhor por um canal visual, auditivo ou cinestésico. Alunos visuais precisam de figuras, imagens, materiais para interpretar e associar, ou seja, todo tipo de material que possa ser visto. A maioria das pessoas são visuais. Já as pessoas auditivas aprendem melhor ouvindo. Para eles, é válido usar da música, da leitura em voz alta, de explanações, de gravações etc. O aluno cinestésico, por sua vez, precisa tocar nos objetos para aprender e/ou utilizar seu corpo no processo ensino-aprendizagem. É aquela criança que, quando vai explicar alguma coisa, interpreta corporalmente o que diz e utiliza-se de expressões faciais, gestos e até objetos para explicar um fato. Para o cinestésico, podemos usar objetos e materiais pedagógicos táteis para facilitar sua aprendizagem, assim como deixar o indivíduo compreender por meio da interpretação.

Uma vez constatado que existam alunos com dificuldade intelectual e desenvolvimental (deficiência intelectual) na turma, o professor deve buscar as **informações acadêmicas e clínicas** na ficha de matrícula, no histórico escolar, nos pareceres médicos e nos laudos, para identificar os atendimentos a que esses alunos estão vinculados. Saber **como a família lida com a criança e suas limitações** também é de suma importância para estreitar as relações entre família e escola, o que vai beneficiar o estudante com ações adequadas e harmônicas.

Outro fator importante é o **conhecimento das medicações** utilizadas pelos alunos. Dosagem, horários e possíveis efeitos colaterais tornam-se relevantes, uma vez que a criança com dificuldade intelectual e desenvolvimental quase sempre apresenta algum outro transtorno associado. Como tais medicações podem alterar o comportamento e o desempenho do aluno, o professor, pela sua observação, pode sugerir ao médico responsável a adequação do medicamento ao horário ou período que a criança vai para a escola.

Ainda sobre o uso das medicações, gostaria de relatar uma experiência que aconteceu comigo quando lecionava para uma quarta série do ensino fundamental. Na minha turma, havia uma aluna de nove anos diagnosticada com Transtorno do *Deficit* de Atenção com Hiperatividade (TDAH), com certeza apropriadamente, por um dos mais renomados neurologistas da cidade. A menina tomava medições para controle da impulsividade, mas, em determinado período, começou a ter um comportamento muito instável. Alguns dias da semana ela ficava tão agitada, desatenta e impulsiva que deixava seus colegas quase loucos e a professora também. Mordia e quebrava os materiais dos colegas, uma vez que os seus nunca encontrava, rasgava os trabalhos que fazia em grupo e chegava a cair da carteira de tanto que se girava.

A turma tinha sido orientada sobre como lidar com a colega quando ela se comportava inadequadamente, mas a intensidade desses episódios crescia e eu não estava mais conseguindo mediar os conflitos sem que ela se sentisse censurada e seus colegas, injustiçados. Em conversa com a mãe sobre seu comportamento, descobri que ela deixava os remédios da filha ao lado da geladeira para que ela os tomasse sozinha. Lógico que a menina esquecia e passava a não ter controle da impulsividade, agitação e atenção, comprometendo seu processo de aprendizagem e seus relacionamentos. Ao explicar a seriedade da situação para a mãe, esta responsabilizou-se pela ministração dos medicamentos, e minha aluna voltou a produzir e a ter seu lugar de pertencimento entre os colegas. Sua autoestima melhorou e, consequentemente, seu aprendizado também.

Para finalizar, o conhecimento do aluno, de suas potencialidades, limitações e necessidades individuais é que fornecem ao professor o "mapa do tesouro".

4.4.2 Plano de desenvolvimento individual

Após terem sido feitas as observações necessárias sobre a turma, o professor, auxiliado pela equipe pedagógica, deve elaborar um plano de desenvolvimento individual para os alunos que o necessitem. Nesse plano, devem constar dados do aluno, informações médicas e terapêuticas, bem como relatos dos pais sobre o que o aluno consegue fazer e o que ele ainda precisa aprender. As expectativas dos professores para o ano letivo devem ser registradas, assim como os materiais e as estratégias que serão usados para alcançá-las. Esperamos, certamente, que as expectativas do professor sejam adequadas às condições de aprendizagem reais do aluno. Isso ajudará, inclusive, a orientar os pais quando estes tiverem expectativas muito acima das condições de desempenho do aluno, ou mesmo quando estas estiverem aquém de seu potencial.

Nesse contexto, o planejamento deve ser pautado na **realidade do aluno** e em sua **integralidade como pessoa** e visar o **desenvolvimento pleno de seu potencial**, segundo suas limitações e necessidades diferenciadas. Para tal, podemos fazer uso dos **sistemas de apoio**, que, conforme Edwards e Luckasson (2002, citados por Carvalho, 2016), têm este conceito:

Apoios são definidos como "recursos e estratégias, que objetivam promover o desenvolvimento, a educação, os interesses e o bem-estar da pessoa e aprimorar seu funcionamento pessoal."

Esses sistemas de apoio são identificados como mediadores entre o funcionamento do sujeito e as dimensões das habilidades intelectuais, ou seja, comportamento adaptativo, participação, interações e papéis sociais, saúde e contexto social. Quando aplicado corretamente, os apoios fazem um papel essencial na forma de como a pessoa responde às demandas ao longo de sua aprendizagem (Carvalho; Maciel, 2016).

Dada a necessidade de adaptações específicas para cada indivíduo, a AADID propõe um modelo de apoio aos alunos com deficiência intelectual, o qual é um dos mais utilizados, pois é de grande relevância para o processo avaliativo. Seu "objetivo principal consiste em identificar limitações pessoais, a fim de desenvolver um perfil de apoio adequado, na intensidade devida, perdurando enquanto durar a demanda" (Carvalho; Maciel, 2016).

Almeida (2013) ainda aponta que os sistemas de apoio levam em consideração as individualidades, variando em duração e intensidade, e podem ser aplicados em diversas áreas, como saúde, educação, qualificação profissional, acesso e assistência no mercado de trabalho, orientação familiar, planejamento financeiro etc. Porém, se o resultado não for satisfatório, o plano de apoio deve ser reavaliado, ou seja, os apoios e os processos precisam ser reformulados para que se obtenha o resultado desejado.

Segundo Carvalho e Maciel (2003), os apoios integram o modelo teórico multidimensional que explica a deficiência intelectual segundo cinco dimensões: habilidades intelectuais; comportamento adaptativo; participação, interações e papéis sociais; saúde; contextos. Assim, todas essas dimensões devem ser consideradas ao propormos um sistema de apoio ao indivíduo com deficiência intelectual, a fim de que possa tornar-se autônomo para a aprendizagem, para o trabalho e para a vida.

4.4.3 Currículo que transcende para a flexibilização

Sobre a flexibilização curricular, a LDB, Lei n. 9.394/1996, em seu art. 59, prevê que os sistemas de ensino devem assegurar aos educandos com necessidades educacionais especiais "currículos, métodos, técnicas, recursos educativos e organização específicos, para atender às suas necessidades" (Brasil, 1996).

Com base nessa premissa, entendemos que o currículo para o aluno com dificuldade intelectual e desenvolvimental deve ser, preferencialmente, o mesmo utilizado pelo restante da classe, porém devem ser feitas as adaptações de acordo com as necessidades de cada estudante, a fim de acomodar as suas habilidades (Stainback; Stainback, 1999).

Em tempos de educação inclusiva, os currículos também devem ser inclusivos, embasados em um paradigma educacional inclusivo. Assim, os **currículos devem constituir-se de forma flexível** para permitir adaptações e modificações que atendam às necessidades individuais dos alunos e que, concomitantemente, possibilitem ao professor uma atuação pedagógica exitosa.

No item que define as adaptações curriculares nos *Parâmetros Curriculares Nacionais*, temos:

> As adaptações curriculares constituem, pois, possibilidades educacionais de atuar frente às dificuldades de aprendizagem dos alunos. Pressupõe que se realize a adaptação do currículo regular, quando necessário, para torná-lo apropriado às peculiaridades dos alunos com necessidades especiais. Não um novo currículo, mas um currículo dinâmico, alterável, passível de ampliação, para que atenda realmente a todos os educandos. Nessas circunstâncias, as adaptações curriculares implicam a planificação pedagógica e as ações docentes fundamentadas em critérios que definem: o que o aluno deve aprender; como e quando aprender; que formas de organização de ensino são mais eficientes para o processo de aprendizagem; como e quando avaliar o aluno. (Adaptações..., 2019)

Logo, primeiramente, devemos considerar as características individuais dos alunos, as áreas que precisam de apoio, os tipos de apoio mais eficientes para atender às suas necessidades, em quais situações o apoio deve ser disponibilizado e como proceder com relação a isso, quais profissionais participarão e quais as funções de cada um (Novaes, 2011). Nessa perspectiva, as adaptações curriculares que se desenvolvem com base nesta e em outras reflexões podem ser de grande e de pequeno porte, como descrevem Leite e Silva (2008, p. 16):

> **Adaptações de grande porte** são significativas. Ocorrem nas modalidades organizativas, nos objetivos de ensino, nos conteúdos, no tipo de avaliação, nos métodos de ensino e na temporalidade. Portanto, a escola procede todas as modificações

que forem necessárias para atender às necessidades de seus alunos no projeto político-pedagógico, e toda a comunidade escolar deve participar dessa adaptação. (Leite; Silva, 2008, p. 16, grifo nosso)

As adaptações de grande porte, conforme Novaes (2011), dividem-se em:

a. Adaptações de objetivos: a possibilidade de eliminar objetivos ou de introduzir objetivos específicos, complementares e/ou alternativos, como forma de favorecer aos alunos com deficiência a convivência regular com seus pares, beneficiando-se das possibilidades educacionais disponíveis.

b. Adaptações de conteúdo: as outras formas de adaptações curriculares de grande porte, determinadas pelas adaptações dos objetivos já realizados previamente.

c. Adaptações do método de ensino e da organização didática: a adoção de métodos bastante específicos de ensino.

d. Adaptações do sistema de avaliação: a introdução de critérios específicos de avaliação e a eliminação de critérios gerais, a adaptação de critérios regulares de avaliação e a modificação dos critérios de promoção, que devem ser retomados em novo processo de ensinar não tendo como função principal classificar o "melhor" ou "pior" da sala.

e. Adaptações de temporalidade: os ajustes no tempo de permanência do aluno em uma determinada série/ciclo, sem que exista prejuízo quanto à sua idade/série.

Já as adaptações de pequeno porte são assim definidas:

Adaptações de pequeno porte não são significativas e são realizadas em dois níveis: no nível coletivo (sala de aula), por meio do planejamento e implementação do currículo da classe, e no nível individual, por meio do programa educacional individualizado (PEI). (Leite; Silva, 2008, p. 19, grifo nosso)

Também segundo Novaes (2011), as adaptações podem subdividir-se em:

a. Adaptações de objetivos: se referem a ajustes que o professor deve fazer nos objetivos pedagógicos que constam no seu plano de ensino, de forma a adequá-los às características e condições dos alunos com necessidades educacionais especiais.

b. Adaptações de conteúdo: Os tipos de adaptações de conteúdo podem ser: priorização de tipos de conteúdos, priorização de áreas ou unidades de conteúdos, reformulação da sequência ou, ainda, eliminação de conteúdos secundários, acompanhando as adaptações propostas para os objetivos educacionais.

c. Adaptações do método de ensino e da organização didática: procurar as estratégias que melhor respondam às características individuais de cada aluno faz parte do ato de ensinar.

d. Adaptações do sistema de avaliação: necessárias, para atender às necessidades especiais dos alunos, adaptações no processo de avaliação, modificando técnicas ou os instrumentos utilizados.

e. Adaptações de temporalidade: o professor pode organizar o tempo das atividades, dependendo da necessidade especial de cada aluno.

Nesse caso, não há necessidade de interferência de instâncias superiores, já que o professor tem autonomia e competência (Leite; Silva, 2008). Assim, o professor pode fazer ajustes nos objetivos pedagógicos que constam em seu plano de ensino, de forma a adequá-los às características e às condições dos alunos com dificuldade intelectual e desenvolvimental; priorizar os tipos de conteúdo, com a reformulação da sequência ou, ainda, a eliminação de conteúdos secundários, acompanhando as adaptações propostas para os objetivos educacionais; adaptar o método de ensino e a organização didática segundo as estratégias que melhor respondam às características de cada aluno; fazer adaptações no processo de avaliação; organizar o tempo das atividades conforme a necessidade peculiar de cada aluno (Leite; Silva, 2008).

Além disso, devemos chamar a atenção ao fato que *flexibilizar o currículo* não corresponde a *empobrecê-lo*, como afirma Lopes (2008, p. 12-13):

> O processo de flexibilização tampouco pode ser entendido como uma mera modificação ou acréscimo de atividades complementares na estrutura curricular, pois há aprendizagens imprescindíveis a todos os alunos, das quais não podemos abrir mão. Há saberes que são essenciais como base para outras aprendizagens e que devem ser mantidos, como garantia de igualdade de oportunidades de acesso a outras informações, portanto fundamentais para a construção do conhecimento. Se o que buscamos é a igualdade de oportunidades, temos que aumentar a qualidade da educação que oferecemos e não a diminuí-la.

Para concluirmos essa reflexão sobre o currículo, é pertinente abordar, ainda que brevemente, a questão da **terminalidade específica de estudos**. Existem algumas posições contrárias a respeito, mas não é nossa intenção entrar nesse debate. Isso seria um capítulo à parte. Neste momento, o que precisamos saber é que, no art. 59, inciso II, da Lei de Diretrizes e Bases da Educação Nacional (LDB) n. 9.394/1996, afirma-se que os sistemas de ensino deverão assegurar a terminalidade específica para aqueles que não puderem atingir o nível exigido para a conclusão do ensino fundamental, em virtude de suas deficiências, e aceleração para concluir em menor tempo o programa escolar para os superdotados (Brasil, 1996).

Sobre o tema, há várias considerações e pesquisas que analisam a coerência entre a finalidade legal da escolarização da pessoa com dificuldade intelectual e desenvolvimental e os sentidos atribuídos pelas famílias a essa escolarização na classe comum da escola regular. Segundo a lei, as próprias unidades escolares são responsáveis pela avaliação de terminalidade, o que abre um espaço de diálogo entre família e escola. Conforme o art. 24, inciso VII, da LDB: "cabe a cada instituição de ensino expedir históricos escolares, declarações de conclusão de série e diplomas ou certificados de conclusão de cursos, com as especificações cabíveis" (Brasil, 1996). Logo, em razão dessa autonomia e das possíveis incertezas familiares, destacamos a importância da parceria escola-família, na qual deve ser estabelecida uma relação de transparência e confiança.

4.4.4 Metodologia que ensina além dos conteúdos

O aluno com dificuldade intelectual e desenvolvimental geralmente precisa de muita prática (repetições) e tempo maior até conseguir assimilar um conteúdo. O professor segue o currículo, porém respeitando o ritmo do aluno. As tarefas propostas devem ser adequadas à sua idade, ao seu ritmo e às suas condições.

Não importa sua limitação, **os olhos do aluno precisam brilhar pelo tema**, e isso depende muito do professor, de como ele apresenta o conteúdo ou as tarefas. Se essa apresentação ocorrer de forma contextualizada, divertida, empolgante, criativa ou desafiadora, as chances de sucesso aumentarão consideravelmente. Se, ainda assim, o aluno não conseguir realizar as atividades propostas, lembremo-nos de que o currículo e o planejamento devem ser flexíveis e, provavelmente, uma adequação está se fazendo necessária. Essa é a hora.

Quando as dificuldades forem muito acentuadas, o aluno pode se frustrar, oferecer resistência e até mesmo desistir de aprender por achar que nunca conseguirá atingir as expectativas de seus pais, de seus professores e de si mesmo. No contraponto, se tudo for muito infantil e fácil, da mesma forma poderá ocorrer uma resistência, mas por falta de desafios ou porque o aluno se sente desrespeitado. Isso acontece quando os professores falam com seus alunos com dificuldade intelectual e desenvolvimental como se eles fossem bebês ou crianças pequenas, de forma infantilizada.

Enfim, o professor é quem vai observar e determinar o momento em que seus alunos precisam e estão prontos para novos desafios. Nesse caso, assim como em outros contextos, profissionalismo e respeito são eixos que fazem a roda girar e o movimento produtivo acontecer.

Muitas vezes, a evolução no conteúdo é muito restrita, mas o aluno aprendeu outras coisas durante o processo, e isso precisa ser valorizado e discutido com ele. O estudante pode ter aprendido a se posicionar, a ser responsável, a se concentrar, a utilizar os materiais adequadamente e, principalmente, a não desistir na primeira nem na segunda tentativa. Afinal, **crescer em resiliência**, aumentando seu nível de tolerância à frustração, é um aprendizado para toda a vida e para todos, inclusive para o professor.

Outro aprendizado que de muita importância é fato de o aluno aprender a se autoavaliar. Pensar sobre seu trabalho, qual tema foi abordado, qual a proposta apresentada pelo professor, quais estratégias utilizou para resolver seus problemas, o que deu certo, o que precisou ser redimensionado etc. Portanto, **avaliar o processo também é aprender**.

Lembro-me de uma história que impactou a minha vida como professora. Quando trabalhava em uma escola municipal da periferia em Curitiba, na qual o trabalho pedagógico era organizado por projetos, uma de minhas prioridades no início do ano era ajudar meus alunos a "se colocar" nas aulas, a levantar as mãos e a responder às minhas problematizações, elaborando hipóteses. No princípio, eles não se expunham, porque achavam que não sabiam as respostas e porque não queriam errar, então não ousavam e não aprendiam a expressar seus pensamentos.

Para exemplificar a importância de **encarar os erros apenas como hipóteses**, que podem e devem ser testadas para depois seguir-se em frente ou voltar a fazer outras hipóteses, contei a eles a história de Thomas Edison, o inventor da lâmpada elétrica, que "errou" milhares de vezes, sem jamais desistir. Ao final das aulas ou de um conteúdo abordado, as crianças escreviam em seus portfólios (que nós chamávamos de *diário intelectual*) o que tinham aprendido. Um garoto de dez anos, recém-chegado na escola e em minha classe (porque antes tinha sido convidado "a se retirar" de três escolas da região), com sua autoestima severamente prejudicada, escreveu assim (em caixa-alta mesmo): "HOJE EU APRENDI QUE POSSO ERRAR, PORQUE THOMAS EDISON ERROU MAIS DE MIL VEZES E INVENTOU A LÂMPADA".

Até os dias atuais, não contenho as lágrimas quando relato esse fato. Chorei e choro até hoje. Foi um aprendizado para a vida! Espero que esse garoto nunca tenha aprendido a se calar.

4.4.5 Avaliações que avaliam além das informações

Se estamos na era dos novos paradigmas educacionais, deveríamos também estar na era das avaliações alternativas e diferenciadas para aqueles que precisam. No cenário educacional, é impossível não avaliar – assim, se a avaliação precisa existir, deve ser inteligente, efetiva para todos, por isso, os caminhos precisam ser alternativos.

Sobre esse tema, Oliveira, Valentin e Silva (2013, p. 31) trazem uma reflexão bem pertinente:

> A discussão sobre a operacionalização de uma educação inclusiva confere igualmente um lugar de destaque à avaliação pedagógica e influencia o pensar do professor. A escola, nesse

sentido, precisa adotar uma postura reflexiva e transformadora e, assim, mudar suas concepções em relação ao currículo, ao projeto pedagógico e, consequentemente, à ação pedagógica, no campo das metodologias, da organização didática e da avaliação. Mais do que nunca, é preciso vencer o tradicionalismo tão presente ainda em tais práticas.

Em alguns casos, o que parece acontecer é que as escolas escrevem seus projetos político-pedagógicos de uma forma tão engessada que, mesmo recebendo alunos com perfis acadêmicos tão diferenciados, não conseguem retomar, flexibilizar, reinventar. O aluno recebe, então, a responsabilidade de se conformar ao que já está posto. Isso não é, nem de longe, o que propõe a Política Nacional de Educação Especial na Perspectiva da Educação Inclusiva (Brasil, 2008).

Na prática, porém, o que vemos são alunos submetidos a provas (avaliações) formais e periódicas como único critério de avaliação de sua aprendizagem. Assim, temos um problema: a prova formal como único critério de avaliação da aprendizagem do aluno e, só para lembrar, da competência do professor também. Sim, porque a avaliação dos alunos também tem o objetivo de avaliar o ensino do professor, sua metodologia e suas estratégias de ensino.

A complicação seria dispensável. Como há muito tempo discutimos, a avaliação educacional deve ser intencional, processual, contínua e contextualizada e deve extrapolar o levantamento de informações:

> No âmbito educacional escolar, a avaliação deve ter sempre a característica de processo, de um caminho e não de um lugar, porque implica numa sequência contínua e permanente de

apreciações e de análises qualitativas, com enfoque compreensivo. Assim sendo, convém evitar as atitudes maniqueístas dos juízos de valor em termos de bom/mau, certo/errado, que descaracterizam os objetivos a serem alcançados. (Brasil, 2006, p. 22)

Esse cenário nos faz pensar que precisamos mudar nossas práticas avaliativas para o aprimoramento do projeto político-pedagógico da escola e, consequentemente, de suas ofertas educativas. Vejamos algumas ações práticas:

- a ressignificação da função da avaliação, pelo professor e pelos demais avaliadores;
- a participação do aprendiz que, em vez do medo dos resultados, terá interesse em autoavaliar-se, bem como em colaborar no processo avaliativo, na certeza de que ele contribuirá para seu progresso;
- a participação da família;
- a escolha cuidadosa de procedimentos e instrumentos;
- se for o caso de se usarem indicadores, que sirvam como pistas, como sinalizadores e não como itens de um instrumento no qual se assinala a presença ou a ausência do fato ou fenômeno observado ou, o que seria pior, para atribuir-lhes pontos;
- a utilização das análises em ações de melhoria do que tiver sido avaliado. (Brasil, 2006, p. 22)

Em outras palavras, no contexto da educação inclusiva e no tocante à avaliação de alunos com dificuldade intelectual e desenvolvimental (deficiência intelectual), a avaliação deve efetivar-se por meio dos **recursos necessários** para que o aluno possa expressar-se e mostrar o que aprendeu. Isso não precisa necessariamente ser feito por provas periódicas, mas por qualquer estratégia que demonstre o desenvolvimento do aluno durante o período ou a respeito de determinado conteúdo. Devemos considerar o estilo de aprendizagem de cada aluno, fazer as devidas adaptações e levar em conta o tempo do indivíduo. O ideal seria que fizéssemos avaliações orais para alunos com estilo de aprendizagem mais auditivo, avaliações com materiais táteis para aqueles mais cinestésicos e avaliações com imagens para os mais visuais. Na prática, isso ainda parece utopia, embora a legislação garanta ao aluno com dificuldade intelectual e desenvolvimental o atendimento e a avaliação de acordo com suas necessidades acadêmicas e suas peculiaridades para a aprendizagem. A avaliação, portanto, deve começar "no começo" e englobar "o todo" durante todo o tempo, para o sucesso do aluno e da prática pedagógica.

Ao receber um estudante com dificuldade intelectual e desenvolvimental, o professor deve refletir sobre a prática diferenciada necessária, a fim de traçar um caminho de atuação pedagógica e avaliação do aluno de forma processual. Como a educação especial perpassa todos os níveis de escolaridade (da educação infantil ao ensino superior), seu sucesso, conforme o nível em questão, dependerá da análise que sugerimos na sequência:

- Quais são as **possibilidades** de alfabetização (de aprendizagem formal) ou não e em que nível?
- Quais são as **capacidades** que o aluno apresenta?
- Quais são os **interesses** da turma e do aluno com dificuldade intelectual e desenvolvimental?

- Quais são os **canais de aprendizagem** do aluno com dificuldade intelectual e desenvolvimental juntamente aos da turma?
- Se for o caso, quais são as **comorbidades** associadas à dificuldade intelectual e desenvolvimental apresentadas pelo aluno?
- Quais são as necessidades de **adaptações** de recursos materiais, para locomoção, para comunicação etc.?
- Qual é a **situação socioemocional** do aluno?

Além desses questionamentos, devemos:

- ensinar aquilo que o aluno com dificuldade intelectual e desenvolvimental precisa aprender (**aprendizagem significativa**), adaptando o currículo quando necessário;
- ensinar da forma que o aluno pode aprender (**estratégias específicas**);
- usar metodologias que contemplem os **estilos de aprendizagem** de toda a turma;
- **valorizar a aprendizagem** (focar no positivo) do aluno com dificuldade intelectual e desenvolvimental e da turma;
- **registrar e sistematizar** o tema ou o conteúdo trabalhado, respeitando o estilo de aprendizagem de cada aluno (utilizar portfólio ou processofólio);
- **avaliar**, no processo, tanto o aluno com dificuldade intelectual e desenvolvimental quanto a turma, envolvendo a autoavaliação e as observações da família.

Preste atenção!

Comorbidade refere-se à ocorrência de duas ou mais doenças etiologicamente relacionadas.

Essas são apenas algumas sugestões elaboradas com base em práticas que já experimentamos e que deram certo. Elas podem e devem ser incrementadas e adaptadas, pois a melhor metodologia e estratégia de ensino-aprendizagem é esta: a que **funciona para todos**.

Logo, podemos concluir que, nesse novo paradigma da educação inclusiva, a avaliação perde a finalidade de controle quando realizada por meio de provas e exames e passa a promover práticas contínuas de observações, registros e análises de tudo o que for constatado e realizado em todos os espaços de aprendizagem, nesse contexto, particularmente, na escola.

Síntese

Neste capítulo, revisamos algumas teorias de aprendizagem para a contextualização do processo ensino-aprendizagem da pessoa com dificuldade intelectual e desenvolvimental. Vimos rapidamente as teorias comportamentais, mas nos detivemos à abordagem cognitivista e às suas contribuições para a educação na perspectiva da educação inclusiva.

Refletimos sobre a prática associada a essas concepções e a esses conceitos. Destacamos as práticas que podem ser aplicadas em sala de aula comum ou na modalidade de educação especial. Assim, nossa reflexão debruçou-se sobre a teoria de Vygotsky, cognitivista sociointeracionista, por entendermos que suas proposições podem efetivamente impactar de forma positiva o contexto de ensino-aprendizagem.

Trabalhamos com os pressupostos da aprendizagem e as contribuições da neurociência para a compreensão do processo ensino-aprendizagem. Abordamos o tema da didática e metodologia de ensino para pessoas com dificuldade intelectual e desenvolvimental (deficiência intelectual) e especificamente o processo ensino-aprendizagem para esse grupo, apontando as relações da teoria com a prática.

Indicações culturais

COMO estrelas na Terra, toda criança é especial. Direção: Aamir Khan. Índia: PVR Pictures, 2007.

> O filme conta a história de um menino de nove anos que tem um distúrbio de aprendizagem chamado *dislexia* e corre risco de reprovação. Seu pai acredita que ele é indisciplinado e o trata com rigidez e agressividade. O menino entra em depressão até que um professor novo na escola se sensibiliza para ajudá-lo. O filme mostra a importância do professor e como ele pode atingir seus alunos de forma negativa ou positiva.

Atividades de autoavaliação

1. Assinale a alternativa que apresenta os dois paradigmas das principais teorias da aprendizagem:
    a) Paradigmas comportamentalista e cognitivista.
    b) Paradigmas empirista e sociointeracionista.
    c) Paradigmas humanista existencial e psicanalítico.
    d) Paradigmas sociointeracionista e racional emotivo.
    e) Paradigmas cognitivista e sociointeracionista.

2. Quanto à abordagem comportamentalista, assinale V para as assertivas verdadeiras e F para as falsas:
   ( ) Nega o valor do ambiente como notadamente estimulador.
   ( ) O indivíduo está sujeito apenas ao que o ambiente pode provocar, e todo e qualquer resultado (até mesmo a aprendizagem) resume-se ao paradigma estímulo e resposta.
   ( ) Destaca o valor do ambiente como notadamente estimulador, no qual o indivíduo aprende pelo resultado da quantidade (repetições) de associações realizadas entre estímulos e respostas.
   ( ) Algumas vertentes defendem que as escolhas dos indivíduos têm caráter comportamental, portanto devem ser consideradas junto ao ambiente.
   ( ) O indivíduo está sujeito apenas ao que o ambiente pode provocar, em caráter determinista.

3. Quanto à abordagem cognitivista, assinale V para as assertivas verdadeiras e F para as falsas:
   ( ) O termo *cognição* pode ser definido como o conjunto de habilidades mentais necessárias para a construção de conhecimentos.
   ( ) Os processos cognitivos envolvem habilidades relacionadas ao desenvolvimento do pensamento, do raciocínio, da linguagem, da memória, da abstração etc., os quais pouco se relacionam com a aprendizagem.
   ( ) Entre os principais teóricos, estão Piaget, Wallon e Vygotsky.

( ) Todos os indivíduos têm as habilidades necessárias para memorizar os conhecimentos que lhe são transmitidos. Isso é o que há de mais importante.

( ) Os processos cognitivos envolvem todo tipo de comportamento e são imprescindíveis para a aprendizagem.

4. No desenvolvimento de sua teoria, Vygotsky postula que a aprendizagem promove o despertar de processos internos de desenvolvimento que não ocorreriam senão por meio das interações estabelecidas com o meio externo ao longo da vida. Sobre o pensamento de Vygotsky, assinale V para as assertivas verdadeiras e F para as falsas.

( ) Ignora as bases biológicas da espécie humana.

( ) Acredita que, como fruto das trocas e interações com o meio, o cérebro tem a capacidade de criar conhecimentos.

( ) Defende que o desenvolvimento do indivíduo e a aquisição de conhecimentos é resultado da interação do indivíduo com o meio, por intermédio de um processo sócio-histórico, construído coletivamente e mediado pela cultura.

( ) Acredita que fatores biológicos muito determinantes podem suplantar a influência do meio na aprendizagem do indivíduo.

( ) Defende que somente a associação de fatores biológicos, ambientais, comportamentais e emocionais pode promover o conhecimento.

5. Henry Wallon, um dos representantes cognitivistas, entende a criança, primeiramente, como um ser emocional que vai construindo-se gradativamente em um ser sociocognitivo. Sobre o pensamento de Wallon, assinale V para as assertivas verdadeiras e F para as falsas.

( ) As emoções são o primeiro sistema de comunicação expressivo do ser humano.

( ) O desenvolvimento do ser humano ocorre por uma preponderância dos fatores biológicos durante toda sua vida.

( ) O desenvolvimento do ser humano começa por uma preponderância dos fatores biológicos, depois os aspectos sociais começam a tomar relevância e adquirem maior força.

( ) As emoções são o primeiro sistema de comunicação expressivo do ser humano, mas não têm importância no fator *aprendizagem*.

( ) O desenvolvimento do ser humano acontece por uma preponderância dos fatores biológicos apenas na fase de desenvolvimento.

Atividades de aprendizagem

Questões para reflexão

1. Em sua opinião, qual das teorias de aprendizagem estudadas neste capítulo dão melhor base para as metodologias necessárias ao ensino dos estudantes com dificuldades intelectuais e desenvolvimentais? Por quê?

2. Como devem ser as avaliações na perspectiva da educação inclusiva para os estudantes com dificuldade intelectual e desenvolvimental? Fundamente sua resposta nas sugestões no caderno *Saberes e práticas da inclusão: avaliação para identificação das necessidades educacionais especiais* (Brasil, 2006).

Atividades aplicadas: prática

1. Faça uma resenha da Política Nacional de Educação Especial na Perspectiva da Educação Inclusiva (Brasil, 2008).

2. Elabore uma atividade prática (um modelo) para o ensino da matemática ou da língua portuguesa para alunos com deficiência intelectual.

3. Descreva algumas contribuições da neurociência para o processo ensino-aprendizagem.

Capítulo 5
Preparação da pessoa com dificuldade intelectual e desenvolvimental (DID) para o mercado de trabalho

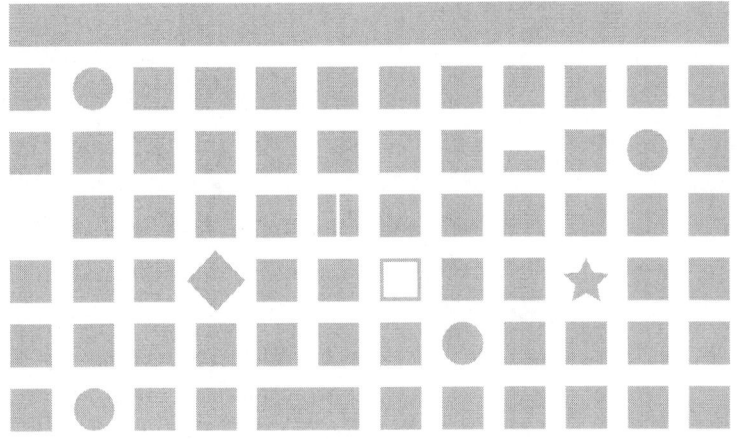

"Poder é toda chance, seja ela qual for, de impor a própria vontade numa relação social, mesmo contra a relutância dos outros."

Max Weber

Este capítulo foi estruturado como o último deste livro justamente porque o assunto requer um vasto conhecimento sobre pessoas com deficiências quanto à sua trajetória história de exclusão e de lutas no decorrer dos séculos. Abordar o tema da profissionalização da pessoa com dificuldade intelectual e desenvolvimental (deficiência intelectual) e sua inclusão no mercado de trabalho requer conhecimento e bom senso, porque, de fato, não é uma relação simples, porém, uma reflexão sempre necessária.

Como vimos nos capítulos anteriores, a pessoa com DID, assim como as pessoas com outras deficiências, estão imersas em um cenário histórico permeado por barreiras e preconceitos, mas também por avanços e conquistas. Há um esforço para que mitos e paradigmas estigmatizantes e excludentes sejam superados.

Um dos mitos que sempre acompanhou as pessoas com dificuldades intelectual e desenvolvimental (deficiência intelectual) é o de que elas são incapazes de aprender, de trabalhar e de contribuir socialmente. Depois de muitos anos de trabalho no campo da educação especial, pude observar que, de fato, algumas são incapazes de aprender como aprendemos, outras são incapazes de aprender da forma como aprendemos e outras são incapazes de aprender aquilo que todos aprendem. No entanto, não são incapazes de aprender.

A julgar pela evolução histórica da humanidade, incapaz está a sociedade, que não consegue enxergar o outro em suas potencialidades e infinitas possibilidades. Ao impor ao outro barreiras limitantes, no final das contas, as pessoas limitam e incapacitam a si próprios como raça e sociedade.

Acreditamos que, nos capítulos anteriores, deixamos claro que as pessoas com DID não têm, todas elas, as mesmas capacidades nem as mesmas dificuldades. Existem níveis diferentes de comprometimento relacionado ao seu real entendimento das coisas, dos fatos e da vida. Em qualquer área, acadêmica, social ou profissional, a pessoa com dificuldade intelectual e desenvolvimental (deficiência intelectual) depende direta e efetivamente de seu nível de compreensão e do modo como os comandos ou as informações lhes são apresentados. Sua relação consigo mesma, com o mundo e com as pessoas acontece de forma diferente, o que pode nos surpreender muitas vezes.

Neste capítulo, vamos relatar brevemente a história das pessoas com deficiência nos caminhos excludentes, mas, principalmente, vamos abordar as mudanças de paradigmas e as conquistas no processo de inclusão educacional, social e no mercado de trabalho.

Para isso, adotamos como base as produções de Anache (1996) e Candido (2010), além de contribuições de outros autores indicados nas referências e citados no corpo deste texto que desenvolveram pesquisas de relevância sobre o tema. O referencial reflexivo foi a experiência de mais de 20 anos da autora deste livro na área da educação especial.

5.1 Deficiência e trabalho: políticas públicas

Sobre a relação da pessoa com deficiência e trabalho ao longo da história da humanidade, Gonçalves (2010, p. 72) relata que o tratamento dado ao deficiente passou por diferentes entendimentos do ponto de vista individual e social: "De um lado teve como conduta o aspecto discriminatório reservado ao portador de necessidades especiais. Do outro extremo, ocorreu uma incidência rara, a pessoa com deficiência chegou a ser considerada como uma benção divina para o grupo social ao qual pertence".

A mesma autora esclarece que, desde os tempos antigos, as pessoas com deficiências sofrem com a discriminação, embora haja, no decorrer do tempo e após a criação de leis nesse campo, avanços significativos. Por exemplo, "os hebreus viam na deficiência física ou sensorial uma espécie de punição de Deus e impediam qualquer portador de deficiência ter acesso à direção dos serviços religiosos" (Gonçalves, 2010, p. 72). Outros povos também reafirmaram esse pensamento excludente, conforme Gonçalves (2010, p. 73):

> Os hindus, ao contrário dos hebreus, sempre consideraram os cegos pessoas de sensibilidade interior mais aguçada, justamente pela falta da visão, e estimulavam o ingresso dos deficientes visuais nas funções religiosas. Os atenienses, por influência de Aristóteles, protegiam seus doentes e os deficientes, sustentando-os, até mesmo por meio de sistema semelhante à Previdência Social, em que todos contribuíam para a manutenção dos heróis de guerra e de suas famílias. Assim,

também, agiam os romanos no tempo do império, quiçá, por influência ateniense. Discutiam estes dois povos, se a conduta adequada seria a assistencial, ou a readaptação destes deficientes para o trabalho que lhes fosse apropriado.

No tocante à responsabilidade social, para promover assistência aos deficientes, temos relatos de que, em 1547, "na França chefiada por Henrique II, iniciou-se a assistência social obrigatória, para atendimento e amparo ao deficiente, sendo a mesma sustentada pelo sistema de coleta de taxas" (Gonçalves, 2010, p. 74). Várias leis foram promulgadas nessa época.

Segundo Alves (1992), a partir da Idade Moderna, em 1789, podemos perceber um tratamento diferenciado, social e juridicamente, às pessoas com deficiências. Nesse período, surgiram vários eventos que propiciavam meios de trabalho e locomoção aos portadores de deficiência, entre eles, cadeiras de rodas, bengalas, coletes, macas, muletas, carros adaptados etc. Portanto, a ciência e a tecnologia avançaram e propiciaram mudanças rápidas e significativas na sociedade.

O advento do Código Braile, cujo criador é Louis Braile, visou propiciar a integração dos deficientes visuais com os acontecimentos políticos, sociais e mesmo com o mundo através da escrita. O despertar da atenção para a questão da habilitação e da reabilitação do portador de deficiência para o trabalho aguçou-se a partir da Revolução Industrial, quando as guerras, epidemias e anomalias genéticas deixaram de ser as causas únicas das deficiências, e o trabalho, em condições precárias, passou a ocasionar os acidentes mutiladores e as doenças profissionais, sendo necessária a criação própria do Direito do Trabalho e um sistema eficiente de Seguridade Social, com atividades assistenciais, previdenciárias e de atendimento à saúde, bem como a reabilitação dos acidentados. A OIT destinou ao assunto duas Recomendações (n. 99 de 1955 e n. 168 de 1983) e uma Convenção (n. 159 de 1983). (Gonçalves, 2010, p. 74)

Além dos avanços tecnológicos, após as duas grandes guerras mundiais, a Europa também teve de dar passos largos no sentido de atender os soldados que retornavam com sequelas das batalhas. Nesse contexto, foram criados sistemas de cotas de reserva de mercado de trabalho tanto para os militares quanto para os civis (Cavalcante; Jorge Neto, 2001).

No Brasil, o tema *inclusão social* tem orientado a elaboração de políticas públicas há mais de 60 anos. Tais leis e decretos têm objetivado a criação e a implementação de programas e serviços especializados no atendimento da pessoa com deficiência (outrora conhecidas como *portadoras de necessidades especiais* – PNEs) em todos os âmbitos: educacional, de assistência à saúde, social e no mercado de trabalho.

Na década de 1960, o conceito de integralização refletiu-se na Lei de Diretrizes e Bases da Educação Nacional (LDBEN – Lei n. 4.024, de 20 de dezembro de 1961), que apontava ao poder público o compromisso com a educação especial (Brasil, 1961).

Em 1971, o Ministério da Educação criou um órgão autônomo por meio da Lei n. 5.692/1971 (já revogada), em que constava a previsão de tratamento especial aos excepcionais.

Em 1975, foi aprovada a Declaração dos Direitos das Pessoas Deficientes. Esse documento destaca a dignidade e o respeito para com os direitos das pessoas com deficiência e o direito ao tratamento para o seu desenvolvimento.

Na sequência, o ano de 1981 é declarado o *Ano Internacional da Pessoa Portadora de Deficiência* pela ONU. No encontro que deu origem a essa declaração, também foram discutidas a equiparação de oportunidades e a acessibilidade aos bens e serviços, o que resultou em um plano de ação mundial para a pessoa portadora de deficiência, o Programa de Ação Mundial (PAM), este em 1982.

Em 1988, a Constituição Brasileira estabeleceu, em seu art. 208, inciso III, que o Estado deve garantir o atendimento educacional com especialidade para "pessoas com necessidades especiais", na redação da época (hoje, *pessoas com deficiências*). Nas redes públicas de ensino regular, os profissionais devem atender e acolher todos os estudantes em suas classes e oferecer-lhes auxílios para que possam ampliar seu potencial (Brasil, 1988).

A Lei n. 7.853, de 24 de outubro de 1989 (Brasil, 1989), disciplinou o art. 205 da Constituição ao exigir o pleno desenvolvimento da pessoa com necessidades especiais por meio da educação. No art. 206, incisos I e IV, da Constituição, estabelece-se a igualdade de acesso e permanência na escola e a sua gratuidade do ensino oficial para todos (Brasil, 1988).

Da mesma forma, a Lei n. 8.069, de 13 de julho de 1990 (Brasil, 1990), o Estatuto da Criança e do Adolescente (ECA), em seus arts. 2º e 5º, garante que toda criança e todo adolescente devem receber atendimento especializado e que nenhuma criança deve ser objeto de negligência.

Em 7 de dezembro de 1993, a Lei n. 8.742 dispôs sobre a organização da assistência social (Brasil, 1993).

De todas as iniciativas para alcançarmos uma sociedade mais inclusiva, temos como marco histórico e referencial a Declaração de Salamanca, na Espanha. Evento realizado pela Unesco em junho de 1994, a Conferência Mundial Sobre Necessidades Educativas Especiais reuniu 88 países e 25 organizações. O documento final estabelece os princípios de que toda a criança tem o direito fundamental à educação e a oportunidade de obter e manter o mínimo aceitável de conhecimento.

No Brasil, a Resolução nº 2, de 11 de setembro de 2000, é considerada um dos documentos mais importantes na luta por uma educação inclusiva. Logo a seguir, em 2001, a Lei n. 10.172, de 9 de janeiro de 2001 (Brasil, 2001b), aprovou o Plano Nacional de Educação (PNE), segundo o qual:

> a oferta de educação especial poderá ser realizada de três formas: participação nas classes comuns, sala especial e escola especial. Sendo que as salas e escolas especiais devem ser apenas para aqueles que realmente não puderem ser atendidas nas salas convencionais. Neste sentido, a matrícula destes alunos vem crescendo a olhos vistos entre 1998 e 2003.
> (Macêdo, 2019)

Atualmente, podemos perceber que a inclusão de pessoas com deficiência está cada vez mais presente em espaços de escolas, ambientes acadêmicos, mercado de trabalho e ambiente político.

Neste ponto, precisamos enfatizar que a inclusão transcende a integração. Com raras exceções, todos nós podemos aprender juntos! Esse é o princípio da educação inclusiva, ainda que tenhamos que levar em consideração a diversidade presente no ambiente escolar. Assim, todos os alunos devem estudar na rede regular de ensino, usufruindo programas educacionais apropriados às necessidades de cada um, objetivando o sucesso acadêmico de todos.

Ao analisarmos a legislação em pauta e a realidade observável no campo educacional e nas comunidades, somos surpreendidos pela questão: O que é, de fato, uma sociedade inclusiva? Quais as características dessa sociedade? Há inclusão, efetivamente, da pessoa com deficiência no mercado de trabalho?

Podemos responder a essas perguntas de muitas formas, mas a resposta que mais nos agrada é a que descreve a **sociedade inclusiva** como aquela na qual se respeita a diversidade e aquela que se presta a atender às necessidades (se não todas, pelo menos a maioria delas, focando nas essenciais).

Hoje falamos de inclusão porque a sociedade, historicamente e de modo geral, não soube lidar com a diversidade, tornando-se excludente. Portanto, em pleno século XXI, depois de tantos séculos de luta, restam dúvidas a ser esclarecidas e lutas a ser vencidas, já que ainda existem dificuldades em vários aspectos, em todos os âmbitos.

Neste capítulo, o que nos preocupa e com o que nos ocuparemos é a formação da pessoa com dificuldade intelectual e desenvolvimental (deficiência intelectual), sua preparação profissional e sua inserção no mercado de trabalho, que devem acontecer competentemente por meio de uma mudança na maneira de pensar da sociedade. Entendemos que toda mudança significativa e real começa na mente, com a renovação do conhecimento, portanto, informação é fundamental.

Lukács (1979, p. 16) descreve o **trabalho** como a categoria central na constituição da sociedade. É a capacidade de transformar a natureza em tudo aquilo que é necessário para a humanidade subsistir e reproduzir. Por isso, afirma que o trabalho é condição de existência do homem – é uma necessidade eterna, resultado do intercâmbio orgânico entre o homem e a natureza. Nessa perspectiva, e entendendo que a sociedade sempre se organizou para garantir sua sobrevivência por meio do trabalho, nada mais excludente do que não gerar meios para que todas as pessoas possam contribuir socialmente com o trabalho e assegurar seu sustento e uma vida digna por intermédio da remuneração. Por esse motivo, consideramos de grande relevância propostas, ações e políticas públicas que um país dispõe aos seus cidadãos com deficiência.

Assim, passaremos a descrever alguns avanços das políticas públicas para a pessoa com deficiência deliberados na Segunda Conferência Nacional dos Direitos da Pessoa com Deficiência, realizada em 2008, em Brasília. Essa conferência aponta algumas implementações do Governo Federal para regulamentar propostas no âmbito trabalhista. Do texto que foi resultado desse evento, selecionamos apenas os trechos que dizem respeito à preparação e à inserção da pessoa com deficiência no mercado de trabalho:

- **Incentivo e dedução no imposto de renda**: criar mecanismos para ampliar os incentivos à iniciativa privada, com a redução de impostos para as empresas com menos de 50 funcionários que empregarem pessoas com deficiência, além da implementação de programas de habilitação e reabilitação.

    Art. 16. A União facultará às pessoas físicas, a partir do ano-calendário de 2012 até o ano-calendário de 2015, e às pessoas jurídicas, a partir do ano-calendário de 2013 até o ano-calendário de 2016, na qualidade de incentivadoras, a opção de deduzirem do imposto sobre a renda os valores correspondentes às doações e aos patrocínios diretamente efetuados em prol de ações e serviços desenvolvidos no âmbito do PRONON e do PRONAS/PCD, previamente aprovados pelo Ministério da Saúde e desenvolvidos pelas instituições destinatárias a que se referem os arts. 3º e 6º. (Brasil, 2013)

Art. 4º As ações e os serviços de atenção oncológica a serem apoiados com os recursos captados por meio do PRONON compreendem:

I – a prestação de serviços médico-assistenciais;

II – a formação, o treinamento e o aperfeiçoamento de recursos humanos em todos os níveis; e

III – a realização de pesquisas clínicas, epidemiológicas e experimentais. (Brasil, 2013)

- **Garantia do benefício de prestação continuada (BPC)**: conceder o BPC às pessoas com deficiência, observado o critério de renda *per capita* familiar de um salário mínimo, sem considerar os benefícios previdenciários e assistenciais dos demais membros da família para esse cálculo da renda *per capita* familiar. Atualmente, a legislação atinente ao BPC, no art. 20, parágrafo 3º, prevê que a renda mensal *per capita* para ter direito ao benefício deve ser inferior a um quarto de salário mínimo. Quanto aos benefícios previdenciários e assistenciais, o art. 4º, inciso VI, do Decreto nº 6.214, de 26 de setembro de 2007 (Brasil, 2007) considera a renda mensal bruta familiar a soma dos rendimentos brutos auferidos mensalmente pelos membros da família, composta por salários, proventos, pensões, pensões alimentícias, benefícios de previdência pública ou privada, seguro-desemprego, comissões, pró-labore, outros rendimentos do trabalho não assalariado, rendimentos do mercado informal ou autônomo, rendimentos auferidos do patrimônio, renda mensal vitalícia e BPC, ressalvado o disposto no parágrafo único do art. 19.

- **Educação profissional e capacitação à pessoa com deficiência**: assegurar a educação profissional da pessoa com deficiência em parceria com instituições da educação profissional, alocando recursos orçamentários para assegurar a inclusão digital e a preparação para o aproveitamento no mercado de trabalho de acordo com a Lei de Cotas (Lei n. 8.213, de 24 de julho de 1991 – Brasil, 1991). O Programa Nacional de Acesso ao Ensino Técnico e Emprego (Pronatec) oferece cursos técnicos e de formação inicial e continuada. Os cursos são presenciais e são realizados pela Rede Federal de Educação Profissional, Científica e Tecnológica, por escolas estaduais e por unidades dos serviços nacionais de aprendizagem, como Senac, Senai e Senar. Essa ação contribui para o cumprimento da Lei de Cotas ao promover a qualificação para o trabalho. Além disso, nas transferências de recursos do Fundo de Amparo ao Trabalhador (FAT) aos estados, municípios, organizações governamentais, não governamentais ou intergovernamentais, com vistas à execução do Plano Nacional de Qualificação (PQN), é obrigatória a destinação de 10% das vagas nas modalidades do PNQ para pessoas com deficiência (Resolução Codefat n. 679, de 29 de setembro de 2011).

- **Autonomia com o uso da tecnologia assistiva**: conceder isenção tributária, para pessoas físicas e jurídicas, sobre a importação de equipamentos e outras tecnologias assistivas destinadas a garantir autonomia às pessoas com deficiência em seus locais de trabalho. Uma das ações do Plano Viver sem Limite é a criação de linha de crédito facilitado, com juros subsidiados pelo Governo Federal, para a aquisição desses produtos – BB Crédito de Acessibilidade. Podem ser financiados produtos de tecnologia assistiva com valores entre R$ 70,00 e R$ 30 mil, por prazos de 4 a 60 meses, a juros de 0,64% ao mês, sem tarifa de abertura de crédito, com até 59 dias para o pagamento da primeira parcela.
- **Não cessação do BPC, apenas interrupção**: interromper, e não cessar, o pagamento do benefício à pessoa com deficiência beneficiária que exercer atividade remunerada (Lei n. 8.742/1993, a Lei Orgânica da Assistência Social – Loas). O BPC pode ser reativado assim que for extinta a relação trabalhista, sem que a pessoa tenha que passar por novo processo de requerimento do benefício e avaliação da deficiência. O beneficiário contratado por empresas na condição de aprendiz pode acumular a remuneração do trabalho com o pagamento do BPC pelo prazo máximo de dois anos, o que amplia as possibilidades de qualificação e inserção profissional. De acordo com a Consolidação das Leis Trabalhistas – CLT, admite-se o contrato de aprendizagem para a pessoa com deficiência a partir de 14 anos, sem restrição da idade máxima.
- **Incentivo aos empregados**: neste quesito, a ênfase está na Lei Orgânica da Assistência Social, que possibilita a suspensão (e não a cessação) do BPC ao beneficiário com

deficiência que ingressa no mercado de trabalho. Como já mencionamos, o valor do benefício pode ser acumulado por dois anos com o salário pago pelas empresas pela pessoa contratada como aprendiz.

Assim, devemos estar atentos ao fato de que a inserção de pessoas com deficiência no mercado de trabalho não é um faz de conta. Deve acontecer efetivamente, com qualidade e valor para todos os envolvidos. A compreensão e o respeito pela diferença são necessários para que o processo seja respeitoso, segundo padrões éticos, e prime pela qualificação da mesma forma que ocorreria com qualquer outra pessoa.

Na prática, porém, temos percebido que parece mais fácil a contratação de pessoas com deficiência visual, auditiva ou física, uma vez que as adaptações necessárias perpassam pelo campo arquitetônico ou da tecnologia assistiva. Já a contratação de pessoas com dificuldades intelectuais e/ou desenvolvimentais (deficiência intelectual) depende do grau de comprometimento cognitivo e de compreensão que a pessoa apresenta. Nos casos de comprometimentos mais graves, considerados moderados ou severos, muitas vezes o treinamento necessário torna-se inviável em razão da gravidade do caso, impedindo a compreensão de ordens simples e a execução de tarefas básicas.

Segundo Aydos (2014, p. 7), há indicadores gerados pela ONU e pela OMS sobre essa realidade: "As pessoas com deficiência intelectual, psicossocial e com autismo são as mais preteridas no mercado de trabalho". É importante frisarmos que se considera *deficiência psicossocial* aquilo que antigamente entendíamos por *deficiência mental* (autismo, esquizofrenia, algumas psicoses etc.). No entanto, temos relatos de que essa realidade está sendo modificada no Rio Grande do Sul. Em sua pesquisa sobre os modos de gestão das políticas de inclusão social das pessoas com deficiência nas organizações empresariais, Aydos (2014, p. 8) descreve que "no Rio Grande do Sul, há um índice de inclusão de pessoas com deficiência intelectual e psicossocial no mercado de trabalho de 9,59%, bem acima do brasileiro". Portanto, 87% dos aprendizes com deficiência incluídos no mercado de trabalho são pessoas com deficiência intelectual ou psicossocial.

Passemos, agora, a refletir sobre os desafios enfrentados para que a inclusão aconteça efetivamente em todos os âmbitos e em diversos contextos.

5.2 Desafios na contratação: escolarização, qualificação, desinformação

No mundo do trabalho do século XXI, observamos um mercado de trabalho cada vez mais exigente e competitivo. A qualificação profissional passou a ser imprescindível, e a busca por vagas de trabalho é intensiva em todas as esferas. Tais exigências têm deixado de fora até mesmo pessoas sem deficiências. Não há mais vagas para aqueles que não são bem qualificados.

Se analisarmos esse contexto, é possível entender que as empresas possam ter dificuldades para encontrar profissionais qualificados entre as pessoas com deficiências. Essa realidade pode levar as empresas a passar por alguns conflitos para cumprir as exigências da Lei de Cotas para pessoas com deficiências nas organizações empresariais, o que favorece o estabelecimento de barreiras para a inclusão.

Se o trabalho é, preponderantemente, um elemento de inserção social, que traz para as pessoas (com deficiência ou não) autonomia pessoal e financeira, senso de pertença social com a melhoria de seu autoconceito e de sua autoestima e contribuição à sociedade como cidadão participante e produtivo, no atual cenário essas "reservas" e possíveis barreiras à empregabilidade da pessoa com deficiência precisam ser discutidas e superadas sempre que possível.

O que temos constatado é que as pessoas bem-sucedidas em conseguir uma vaga de emprego são aquelas que desde muito cedo trabalham por sua qualificação, estudando e desenvolvendo habilidades em áreas de seu interesse. Isso não ocorre com as pessoas com deficiência, principalmente com aquelas com dificuldades intelectuais e/ou desenvolvimentais. Elas demoram mais para desenvolver as competências acadêmicas mínimas desejadas e, conforme o nível de comprometimento para a compreensão de ordens e comandos, talvez nunca venham a ocupar uma vaga de emprego no mercado formal. Para estas, restam atividades informais, o que não podemos considerar como atividade integradora ou inclusiva.

Logo, a falta de estudos e de competência acadêmica mínima e a falta de qualificação profissional em áreas de suas melhores habilidades têm-se apresentado como forte geradora de barreiras para uma verdadeira inclusão no âmbito laboral. Portanto, as escolas e as instituições para pessoas com dificuldades intelectuais e/ou desenvolvimentais têm a responsabilidade de preparar tais estudantes, desde muito cedo, para exercer sua cidadania no mercado de trabalho com competência laboral, bem como com habilidades sociais satisfatórias ao convívio no ambiente de trabalho. Inserir uma pessoa com deficiência no mercado de trabalho sem a devida qualificação profissional e sem o desenvolvimento de habilidades sociais é promover sua exclusão, e esse fato tem implicações em questões emocionais, como a autoestima e as crenças autorreferenciadas. Aos qualificados, abrem-se possibilidades, mas ainda podemos listar algumas barreiras a serem derrubadas, como a acomodação pelo uso do BPC e a falta de conhecimento sobre a condição das pessoas com deficiências.

O BPC é garantido pela Constituição Federal de 1988, art. 203, inciso V, e regulamentado pela Loas, arts. 20 e 21. É um benefício de trato continuado, mensal e sucessivo, no valor fixo de um salário mínimo à pessoa "portadora" de deficiência e ao idoso com 65 anos ou mais, desde que comprovem não terem meios de se manter ou que sua família não o tenha. Não é necessário que o beneficiário tenha contribuído para a Seguridade Social (desde que não tenha outra fonte de renda).

Na prática, o que observamos durante muitos anos foi que inúmeras famílias têm como única fonte de renda o BPC, o que gera ansiedades e acomodação, tanto por parte da pessoa com deficiência quanto da sua família, quando da possibilidade do ingresso no mercado do trabalho. A perda do benefício e a incerteza do sucesso e da permanência no trabalho acabavam tornando-se barreiras difíceis de se transpor. Atualmente, como já mencionamos, o benefício é apenas suspenso quando a pessoa estabelece um vínculo empregatício, o qual pode ser reativado assim que se extinguir o contrato trabalhista, sem que a pessoa tenha de passar por novo processo de requerimento do benefício e avaliação da deficiência.

É importante salientar que os ganhos profissionais da pessoa com deficiência estão sujeitos a sofrer alterações sempre que novas reformas venham a ocorrer.

Por esse motivo, pontuamos o quanto é importante que as famílias sejam informadas sobre essa questão e incentivadas a apoiar seus filhos na busca de trabalho para que, tornando-se autônomos economicamente, possam contribuir com a sociedade como cidadãos produtivos. Em alguns casos, ao trabalhar, as pessoas com dificuldade intelectual e desenvolvimental (deficiência intelectual) que tenham habilidades e treinamento em outras áreas podem vir a ganhar um valor maior do que o benefício recebido do governo. Mas não vamos dourar a pílula. Muitas crianças e adolescentes com dificuldade intelectual e desenvolvimental apresentam um nível de comprometimento moderado ou severo, o que limita as possibilidades de trabalho. Nesses casos, destarte suas impossibilidades, é preciso pensar e buscar alternativas para que essas pessoas descubram e tenham um papel de significância na sociedade.

Outro desafio é a desinformação, por parte das empresas, sobre a verdadeira condição da pessoa com deficiência: suas limitações, suas dificuldades e também seu potencial e suas habilidades. O desconhecido gera o temor, a fantasia e o preconceito e conflui para a não efetivação da contratação. Os mitos e os estigmas ainda existentes, que são mais evidentes no caso de pessoas com dificuldade intelectual e desenvolvimental (deficiência intelectual), podem agir como fortes bloqueadores da inclusão há tanto sonhada, lutada e esperada. Além disso, as empresas desconhecem a legislação regulamentadora, o que poderia evitar barreiras, favorecendo um número maior de contratações.

Nesse caso, Toldrá, Marque e Brunello (2010) apontam que cabe às instituições especializadas o desenvolvimento de estratégias que viabilizem programas adequados para a inclusão, com trocas de informações entre empresa e instituição, palestras e visitas, bem como o acompanhamento das atividades no próprio ambiente de trabalho, dando suporte às empresas e aos contratados.

Por fim, temos a clareza de que qualquer outro fato pode ser gerador de barreiras à inclusão da pessoa com dificuldade intelectual e desenvolvimental (deficiência intelectual) no mercado de trabalho e sabemos que o que gera mudanças positivas e integradoras são as ações preventivas, a informação (educação pública) e a compreensão e o respeito às diferenças.

5.3 O papel das instituições especializadas na preparação da pessoa com DID para inserção no mercado de trabalho

Como a inclusão da pessoa com deficiência no mercado de trabalho não é um faz de conta, esperamos que as instituições especializadas trabalhem o perfil do candidato para a vaga. Nesse contexto, não falamos apenas da necessidade de analisar criteriosamente para ver se a pessoa com deficiência preenche os requisitos necessários, ou de um levantamento das adaptações e adequações necessárias e possíveis para o cargo ou função disponível na empresa. Tudo isso deve ser levado em conta antes de a contratação ser efetivada. Às instituições especializadas cabe prever as habilidades requeridas para depois prover cada necessidade nessa relação laboral inclusiva.

Muito possivelmente, o funcionário com dificuldade intelectual e desenvolvimental (deficiência intelectual) executará suas tarefas de forma peculiar, o que não deve ser visto como incompetência. Os empregadores e demais funcionários devem ser desafiados a compreender que as pessoas não são boas em tudo e que a pessoa com deficiência pode ter habilidades e competências.

Esse cenário denota a importância da existência das instituições especializadas e de equipes de apoio à empregabilidade para essa clientela, que precisará de mentoria constante, inclusive para administrar os benefícios que a inclusão vai lhes oportunizar. Sem dúvida, eles são muitos. Ao conseguir um emprego, essas pessoas desenvolvem senso de responsabilidade por meio de comportamentos como assiduidade, pontualidade, finalização de tarefas, resiliência etc.; comprometem-se com o trabalho, com os colegas e com a empresa, desenvolvendo um sentido de pertença e de grupo; administram melhor seu tempo; aprendem a valorizar as oportunidades; aumentam sua autoestima com o reconhecimento pessoal por serem produtivos e com o convívio social; aprendem a gerenciar suas finanças.

5.4 Desafios na inclusão de pessoas com dificuldades intelectuais e desenvolvimentais no mercado de trabalho

Para finalizar este capítulo, queremos deixar registrado aquilo que observamos na prática e que é postulado pelos pesquisadores da área como desafios a serem enfrentados no processo de inclusão das pessoas com dificuldades intelectuais e desenvolvimentais no mercado de trabalho.

O primeiro e eterno desafio será sempre o **preconceito**. O "pré-conceito" é escancarado na raça humana cada vez que ela se depara com o diferente. Ele se constrói socialmente, e o outro é excluído por ser considerado incapaz. Há uma dificuldade de ver a diferença de potencial, atitudes e habilidades como diferenças inerentes a qualquer grupo social ou de trabalho. Muitas vezes, projetamos no outro nossas próprias incapacidades, as quais são difíceis de aceitar. Melhor então é não aceitar no outro.

Aos gestores e especialistas em recursos humanos, desafiadora é a responsabilidade de conhecer o **perfil da pessoa com deficiência**, suas habilidades e suas capacidades, e adequar isso à função. Esse processo exige flexibilização no recrutamento a fim de que sejam garantidas oportunidades iguais de reconhecimento de características e habilidades. Uma má avaliação do perfil da pessoa com dificuldade intelectual e desenvolvimental pode gerar insatisfação, em razão de frustração ou desmotivação pela não valorização de seu potencial, ou pela exigência acima de suas possibilidades. Pensar estratégias e instrumentos que contemplem a avaliação integral das pessoas com deficiências com base em suas competências é um desafio, porém, uma vez vencido, essa ação poderá, de fato, promover a inclusão social e laboral.

Outro desafio é o da **equidade**, ou seja, mostrar que todos "são iguais", procurando manter a motivação das pessoas com dificuldades intelectuais e desenvolvimentais. Assim, o tratamento recebido pela pessoa com deficiência deve ser equânime.

O indivíduo deve perceber-se nas mesmas condições de tratamento, exigências e respeito que seus colegas – este é um fator motivador importante.

Nessa perspectiva, o **relacionamento com os colegas e as chefias** pode ser desafiante: a disposição para ajudar a pessoa com deficiência, em caso de necessidade, pode ser acolhedora e positiva, mas também chegar a dimensões protecionistas, o que não é benéfico. O importante é a pessoa com dificuldades intelectuais e desenvolvimentais sentir-se incluída, pertencente a um grupo e em uma relação de confiança e parceria saudável para todos.

Há outro desafio que está na dimensão do olhar do outro para a pessoa com deficiência. Anache (1996) aponta para o fato de a deficiência provocar no outro uma gama de diferentes sentimentos e atitudes, como compaixão, curiosidade, medo, superproteção etc. Assim, devemos conhecer esse olhar, pois com certeza interferirá na forma como a pessoa com dificuldades intelectuais e desenvolvimentais será tratada na empresa e também porque, segundo Lev Vygotsky, é por meio dos outros que nos tornamos nós mesmos: competentes, limitados ou na condição de pessoa com deficiência.

Nesse cenário, entendemos que é preciso fazer o acompanhamento da relação indivíduo-empresa com o intuito de facilitar o processo de adaptação ao posto de trabalho, à cultura e aos valores da organização, além de oferecer um espaço de escuta à pessoa com deficiência, auxiliando em suas possíveis dificuldades.

Diante de tantos desafios, quando um empresário decide incluir pessoas com dificuldade intelectual e desenvolvimental (deficiência intelectual) em sua empresa, ele está favorecendo a realização e a independência dessas pessoas e, ao mesmo tempo, desenvolvendo uma gestão mais equânime para seus funcionários, o que por certo levará ao sucesso.

Síntese

Neste capítulo, apresentamos um breve relato da trajetória da pessoa com deficiência na história da humanidade, dos caminhos excludentes até a era da inclusão. Evidenciamos as mudanças de paradigmas e as conquistas no processo de inclusão educacional, social e no mercado de trabalho.

Discorremos sobre os avanços legais e as barreiras ainda hoje enfrentadas no processo de inserção da pessoa com dificuldade intelectual e desenvolvimental no mercado de trabalho. Por fim, apontamos os desafios existentes para a inclusão dessa população no contexto profissional.

Indicações culturais

HADDON, M. **O estranho caso do cachorro morto**. Tradução de Luiz Antonio Aguiar. Rio de Janeiro: Record, 2012.

> Trata-se de um livro muito original, bem escrito e envolvente, de mistérios e descobertas. O autor relata a história de Christopher Boone, de 15 anos, autista. Ele adora listas, padrões e verdades absolutas, não consegue mentir nem entende metáforas ou piadas. Christopher envolve-se em uma emocionante aventura nesta obra.

Atividades de autoavaliação

1. Sobre a relação da pessoa com deficiência e o trabalho ao longo da história da humanidade, assinale V para as assertivas verdadeiras e F para as falsas:
   ( ) A inclusão da pessoa com deficiência no mercado de trabalho passou por diferentes entendimentos do ponto de vista individual e social.
   ( ) A inclusão da pessoa com deficiência no mercado de trabalho passou por diferentes entendimentos do ponto de vista social, o qual foi mudando significativamente.
   ( ) A relação entre a pessoa com deficiência e o trabalho tem dois extremos: em um, há o aspecto discriminatório e, em outro, a pessoa com deficiência é considerada como uma benção divina para o grupo social ao qual pertence.
   ( ) A relação entre a pessoa com deficiência e o trabalho só começou a existir na contemporaneidade.
   ( ) O tratamento dado as pessoas com deficiência nos locais de trabalho sempre foi digno, desde os primórdios da humanidade.

2. Desde os tempos antigos, as pessoas com deficiências sofrem com a discriminação, embora haja avanços significativos após a criação de leis. Assinale V para as assertivas verdadeiras e F para as falsas:
   ( ) Os hebreus viam na deficiência uma espécie de punição de Deus e impediam qualquer deficiente de ter acesso aos serviços religiosos.

( ) Os hindus, da mesma forma que os hebreus, impediam o ingresso das pessoas com deficiência (principalmente os cegos) nas funções religiosas.

( ) Os atenienses e os romanos, no tempo do Império, discutiam se a conduta adequada com os deficientes seria a assistencial ou a readaptação para o trabalho que lhes fosse apropriado.

( ) Durante a Idade Média, sob a influência do cristianismo, os senhores feudais amparavam os deficientes em abrigos por eles mantidos. No entanto, com a perda de influência do feudalismo, os deficientes passaram a ser engajados no sistema de produção.

( ) Na Idade Média, os deficientes eram encarados como uma ameaça divina, por isso eram eliminados.

3. Assinale V para verdadeiro e F para falso nas assertivas sobre a promoção da assistência aos deficientes:

( ) Já existiam iniciativas bem antes da Idade Média.

( ) As primeiras iniciativas são datadas de 1547, na França.

( ) Napoleão Bonaparte começou, na França, um sistema de assistência social obrigatória para atendimento e amparo ao deficiente.

( ) Na França, várias leis foram promulgadas, mas nenhuma teve relevância para o exercício profissional dos deficientes intelectuais.

( ) A partir da Idade Moderna, em 1789, houve um tratamento diferenciado, social e juridicamente, às pessoas com deficiências.

4. Na Europa e no Brasil, por que aconteceu a inclusão da pessoa com deficiência no mercado de trabalho? Assinale com V para as assertivas verdadeiras e F para as falsas:
   ( ) A inclusão da pessoa com deficiência no mercado de trabalho aconteceu em razão dos avanços tecnológicos.
   ( ) Após as duas grandes guerras, a Europa teve de se mobilizar para atender seus feridos de guerra.
   ( ) Diante do grande número de mutilados, foram criados sistemas de cotas de trabalho para garantir emprego tanto para militares sequelados quanto para civis.
   ( ) No Brasil, temos políticas públicas há mais de 60 anos.
   ( ) No Brasil, não há políticas públicas que sustentem iniciativas de inclusão social para as pessoas com deficiência no contexto laboral.

5. Quais são os desafios e as barreiras para a inclusão de pessoas com dificuldades intelectuais e desenvolvimentais no mercado de trabalho? Assinale V para as assertivas verdadeiras e F para as falsas:
   ( ) A qualificação profissional passou a ser imprescindível para o mercado de trabalho, mas, no caso da pessoa com deficiência, isso não é importante.
   ( ) Ansiedades e acomodação pelo uso do Benefício Assistencial de Prestação Continuada (BPC), tanto por parte da pessoa com deficiência quanto de sua família, acontecem diante da incerteza do sucesso e da permanência da pessoa no trabalho.

( ) As empresas são desinformadas sobre a verdadeira condição da pessoa com deficiência: quais são suas limitações, suas dificuldades, seu potencial e suas habilidades.

( ) As empresas não conhecem a legislação regulamentadora.

( ) O investimento em tecnologia assistiva torna a empregabilidade da pessoa com deficiência um ônus bem alto, e sem retorno, para as empresas.

Atividades de aprendizagem

Questões para reflexão

1. Em sua opinião, quais as barreiras que mais afetam a inclusão da pessoa com dificuldade intelectual e desenvolvimental no mercado de trabalho?

2. Quais os benefícios para os empregadores que contratam pessoas com deficiência intelectual?

Atividade aplicada: prática

1. Visite uma empresa que empregue pessoas com dificuldade intelectual e desenvolvimental. Converse com essa pessoa e com seu superior imediato e identifique o estado de satisfação dela e do empregador.

Considerações finais

A área da educação especial é um cenário no qual a diversidade é rica e desafiadora. Tratar dessa temática, já tão discutida e explanada por muitos estudiosos, torna-se empreitada não menos difícil. Assim, procuramos, neste livro, abordar o tema *deficiência intelectual* de forma ampla e sistêmica, para oferecer um texto simples, esclarecedor e reflexivo, sempre ancorado nas pesquisas já existentes e na prática exercida e observada.

Nessa perspectiva, começamos com um *background* histórico das deficiências e da evolução dos conceitos subjacentes às questões terminológicas, uma vez que refletem a maneira como a sociedade pensa e relaciona-se com pessoas com deficiências. Analisamos os modelos teóricos de inteligência no decorrer da história e revisitamos brevemente as teorias sobre inteligência, desenvolvimento e aprendizagem, com suas contribuições para a educação na perspectiva da educação inclusiva. Desse modo, acreditamos tê-los preparados para compreender a necessidade de pressupostos da aprendizagem que contemplem a diversidade e que sejam possíveis para a prática pedagógica.

Como o grande problema para a educação é como ensinar as pessoas com dificuldades intelectuais e desenvolvimentais (deficiência intelectual) em uma perspectiva inclusiva, não poderíamos deixar de discutir um pouco sobre a didática e a metodologia de ensino para essa população. Buscamos, assim, uma relação da teoria com a prática.

Como o tema é muito amplo, não era nossa pretensão, nem temos essa condição, de esgotar ou aprofundar todos os aspectos pertinentes ao processo ensino-aprendizagem sob a perspectiva da educação inclusiva. Estamos conscientes das dificuldades, das barreiras, dos impedimentos ao pleno exercício da docência como suporte ao desenvolvimento do potencial humano, em qualquer nível, e também das limitações e barreiras próprias da criança ou do adolescente com deficiência. Por isso, não é esperado do professor que faça milagres. Na nossa competência, está o fazer pedagógico consciente, respeitoso e competente. Assim, aqueles que optam por entrar nesse campo de conhecimento e prática precisam saber que os desafios são muitos, mas as alegrias também.

Ser professor de pessoas com dificuldade intelectual e desenvolvimental (deficiência intelectual) é, além de vencer desafios, aprender a ser paciente, diminuir o passo, treinar o olhar, ouvir além do que é dito, valorizar pequenos progressos, às vezes, bem pequenos mesmo. É ver possibilidades onde todos veem impedimentos.

Ainda vimos que a inserção da pessoa com dificuldades intelectuais e desenvolvimentais no mercado de trabalho promove o exercício da cidadania de forma responsável e consciente.

Portanto, encerramos esta obra com a certeza de ter provocado reflexões e inquietações a respeito de como trabalhar pedagogicamente e de forma eficiente com crianças e adolescentes com dificuldade intelectual e desenvolvimental (deficiência intelectual). Esperamos sinceramente ter contribuído para que o estudante e futuro professor dessa área adote uma postura não apenas inclusiva com seus alunos, mas, principalmente, não excludente, visto que nosso maior objetivo é o de fomentar esperança e fornecer subsídios à prática docente de uma forma positiva, realista e competente.

Referências

AAIDD – American Association on Intellectual and Developmental Disabilities. **Intellectual Disability**: Definition, Classification, and Systems of Supports. 11. ed. Washington, 2010.

ADAPTAÇÕES curriculares na educação inclusiva. **Portal Educação**. Disponível em: <https://www.portaleducacao.com.br/conteudo/artigos/conteudo/adaptacoes/45866>. Acesso em: 18 dez. 2019.

ALMEIDA, A. C. C. de. **O processo de ensino aprendizagem no contexto escolar de crianças com deficiência intelectual**. Trabalho de Conclusão de Curso (Licenciatura em Pedagogia) – Faculdade de Pará de Minas, Pará de Minas, 2013.

ALVES, R. V. **Deficiente físico**: novas dimensões da proteção do trabalhador. São Paulo: LTR, 1992.

ANACHE, A. A. O deficiente e o mercado de trabalho: concessão ou conquista? **Revista Brasileira de Educação Especial**, Piracicaba, v. 4, n. 1, p. 119-126, 1996. Disponível em: <http://www.abpee.net/homepageabpee04_06/artigos_em_pdf/revista4numero1pdf/r4_art10.pdf>. Acesso em: 17 dez. 2019.

ARMSTRONG, T. **Inteligências múltiplas na sala de aula**. Porto Alegre: Artmed, 2001.

ARNAL, L. S. P.; MORI, N. N. R. Educação escolar inclusiva: a prática pedagógica nas salas de recursos. In: MANZINI, E. J. et al. **Procedimentos de ensino e avaliação em educação especial**. Londrina: ABPEE, 2009. (Série Estudos Multidisciplinares de Educação Especial).

AYDOS, V. Deficiência, trabalho e políticas públicas: os modos de gestão das políticas de inclusão social das pessoas com deficiência nas organizações empresariais. In: REUNIÃO BRASILEIRA DE ANTROPOLOGIA, 29., 2014, Natal.

BARGAL, D.; GOLD, M.; LEWIN, M. Introduction: the Heritage of Kurt Lewin. **Journal of Social Issues**, v. 48, n. 2, p. 3-13, 1992.

BENETTI, I. C. et al. Fundamentos da teoria bioecológica de Urie Bronfenbrenner. **Pensando Psicología**, v. 9, n. 16, 2013.

BHERING, E.; SARKIS, A. A inserção de crianças pequenas na educação infantil: um estudo sobre a perspectiva dos pais. In: ANPED, 30., 2007, Caxambu.

BONFIM, S. M. M. **A luta por reconhecimento das pessoas com deficiência**: aspectos teóricos, históricos e legislativos. Dissertação (Mestrado em Ciência Política) – Instituto Universitário de Pesquisas do Rio de Janeiro, Rio de Janeiro; Centro de Formação, Treinamento e Aperfeiçoamento da Câmara dos Deputados, Brasília, 2009. Disponível em: <http://bd.camara.leg.br/bd/handle/bdcamara/12496>. Acesso em: 4 nov. 2019.

BORGES, R. R.; ASSIS, O. Z. M. de. Avaliação cognitiva: contribuições para um melhor desempenho escolar. **Aprender: Caderno de Filosofia e Psicologia da Educação**, Vitória da Conquista, ano 5, n. 9, p. 219-245, 2007.

BRADDOCK, D. L.; PARISH, S. L. An institutional History of Disability. In: ALBRECHT, G. L.; SEELMAN, K. D.; BURY, M. **Handbook of disability studies**. California: Sage Publications, 2001. p. 11-68.

BRASIL. Constituição (1988). **Diário Oficial da União**, Brasília, DF, 5 out. 1988.

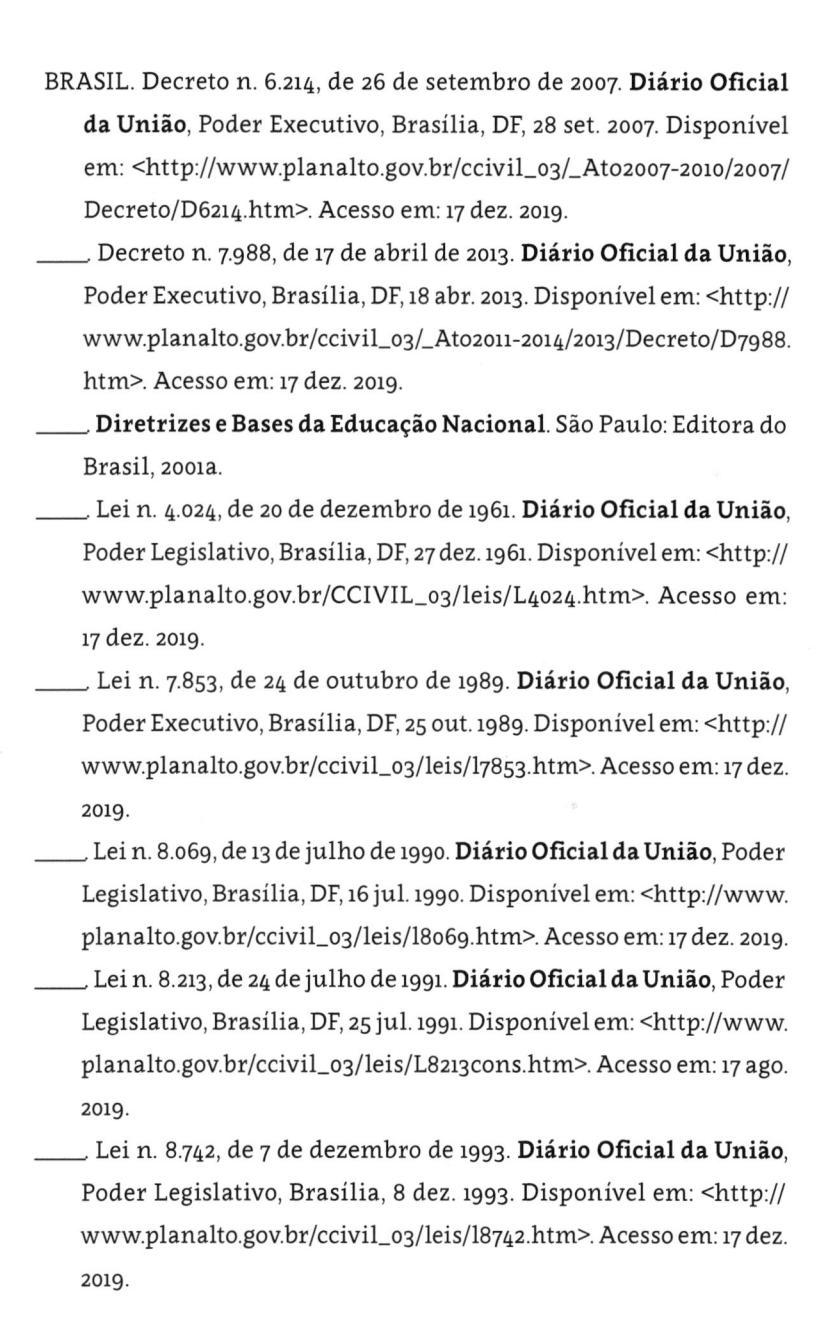

BRASIL. Decreto n. 6.214, de 26 de setembro de 2007. **Diário Oficial da União**, Poder Executivo, Brasília, DF, 28 set. 2007. Disponível em: <http://www.planalto.gov.br/ccivil_03/_Ato2007-2010/2007/Decreto/D6214.htm>. Acesso em: 17 dez. 2019.

_____. Decreto n. 7.988, de 17 de abril de 2013. **Diário Oficial da União**, Poder Executivo, Brasília, DF, 18 abr. 2013. Disponível em: <http://www.planalto.gov.br/ccivil_03/_Ato2011-2014/2013/Decreto/D7988.htm>. Acesso em: 17 dez. 2019.

_____. **Diretrizes e Bases da Educação Nacional**. São Paulo: Editora do Brasil, 2001a.

_____. Lei n. 4.024, de 20 de dezembro de 1961. **Diário Oficial da União**, Poder Legislativo, Brasília, DF, 27 dez. 1961. Disponível em: <http://www.planalto.gov.br/CCIVIL_03/leis/L4024.htm>. Acesso em: 17 dez. 2019.

_____. Lei n. 7.853, de 24 de outubro de 1989. **Diário Oficial da União**, Poder Executivo, Brasília, DF, 25 out. 1989. Disponível em: <http://www.planalto.gov.br/ccivil_03/leis/l7853.htm>. Acesso em: 17 dez. 2019.

_____. Lei n. 8.069, de 13 de julho de 1990. **Diário Oficial da União**, Poder Legislativo, Brasília, DF, 16 jul. 1990. Disponível em: <http://www.planalto.gov.br/ccivil_03/leis/l8069.htm>. Acesso em: 17 dez. 2019.

_____. Lei n. 8.213, de 24 de julho de 1991. **Diário Oficial da União**, Poder Legislativo, Brasília, DF, 25 jul. 1991. Disponível em: <http://www.planalto.gov.br/ccivil_03/leis/L8213cons.htm>. Acesso em: 17 ago. 2019.

_____. Lei n. 8.742, de 7 de dezembro de 1993. **Diário Oficial da União**, Poder Legislativo, Brasília, 8 dez. 1993. Disponível em: <http://www.planalto.gov.br/ccivil_03/leis/l8742.htm>. Acesso em: 17 dez. 2019.

BRASIL. Lei n. 9.394, de 20 de dezembro de 1996. **Diário Oficial da União**, Poder Legislativo, Brasília, DF, 23 dez. 1996. Disponível em: <http://www.planalto.gov.br/ccivil_03/LEIS/l9394.htm>. Acesso em: 17 dez. 2019.

_____. Lei n. 10.172, de 9 de janeiro de 2001. **Diário Oficial da União**, Poder Legislativo, Brasília, DF, 10 jan. 2001b. Disponível em: <http://www.planalto.gov.br/ccivil_03/leis/leis_2001/l10172.htm>. Acesso em: 17 dez. 2019.

_____. Lei n. 13.146, de 6 de julho de 2015. **Diário Oficial da União**, Poder Legislativo, Brasília, DF, 7 jul. 2015. Disponível em: <http://www.planalto.gov.br/ccivil_03/_ato2015-2018/2015/lei/l13146.htm>. Acesso em: 17 dez. 2019.

_____. Ministério da Educação. **Política Nacional de Educação Especial na Perspectiva da Educação Inclusiva**. Brasília, 2008. Disponível em: <http://portal.mec.gov.br/arquivos/pdf/politicaeducespecial.pdf>. Acesso em: 17 dez. 2019.

_____. Ministério da Educação. Secretaria de Educação Especial. **Saberes e práticas da inclusão**: avaliação para identificação das necessidades educacionais especiais. 2. ed. Brasília, 2006. (Série Saberes e Práticas da Inclusão).

BRONFENBRENNER, U. **A ecologia do desenvolvimento humano**: experimentos naturais e planejados. Porto Alegre: Artes Médicas, 1996.

_____. A Future Perspective. In: BRONFENBRENNER, U. (Ed.). **Making Human Beings Human**: Bioecological Perspectives on Human Development. California: Sage Publications, 2005. p. 50-59.

_____. Developmental Ecology through Space and Time: a Future Perspective. In: MOEN, P.; ELDER JR, G. H.; LÜSCHER, K. (Ed.). **Examining Lives in Context**: Perspectives on the Ecology of Human Development. Washington: American Psychological Association, 1995. p. 619-647.

_____. Ecological Models of Human Development. In: HUSTEN, T.; POSTLETHWAITE, T. N. (Ed.). **International Encyclopedia of Education**. New York: Eselvier Sciense, 1994. p. 37-43. v. 3.

_____. The Ecology of Cognitive Development: Research Models and Fugitive Findings. In: WOZNIAK, R.; FISCHER, K. (Eds.). **Development in Context**: Acting and Thinking in Specific Environments. Hillsdale, NJ: Erlbaum, 1993. p. 3-44.

_____. **The Ecology of Human Development**: Experiments by Nature and Design. Cambridge: Harvard University Press, 1979/2002.

BRONFENBRENNER, U.; MORRIS, P. A. The Ecology of Developmental Processes. In: DAMON, W.; LERNER, R. M. (Org.). **Handbook of child psychology**: Theoretical Models of Human Development. 5. ed. New York: John Wiley, 1998. p. 993-1028. v. 1.

_____. The Bioecological Model of Human Development. In: DAMON, W.; LERNER. R. M. (Eds.). **Handbook of Child Psychology**: Theoretical Models of Human Development. 6. ed. Hoboken, NJ: Wiley, 2006. v. 1, p. 793-828.

CANDIDO, C. E. **Inclusão no mercado de trabalho e empregabilidade de pessoas com deficiências**. Dissertação (Mestrado em Educação) – Universidade Estadual Paulista, Araraquara, 2010.

CARVALHO, E. N. S. de. Deficiência intelectual: conhecer para intervir. **Pedagogia em Ação**, Belo Horizonte, v. 8, n. 2, 14 set. 2016. Disponível em: <http://periodicos.pucminas.br/index.php/pedagogiacao/article/view/12845/10035>. Acesso em: 17 dez. 2019.

CARVALHO, E. N. S. de; MACIEL, D. M. M. de A. Nova concepção de deficiência mental segundo a American Association on Mental Retardation – AAMR: sistema 2002. **Temas em Psicologia**, v. 11, n. 2, p. 147-156, 2003.

CASTORINA, J. A. **Piaget-Vygotsky**: novas contribuições para o debate. São Paulo: Ática, 1996.

CAVALCANTE, J. Q. P.; JORGE NETO, F. F. O portador de deficiência no mercado formal de trabalho. **Jus Navigandi**, Teresina, ano 5, n. 51, out. 2001. Disponível em: <http://jus2.uol.com.br/doutrina/texto.asp?id=2132>. Acesso em: 17 dez. 2019.

COREY, G. **Técnicas de aconselhamento e psicoterapia**. 2. ed. Rio de Janeiro: Campus, 1986.

DIAS, S. de S.; OLIVEIRA, M. C. S. L. de. Deficiência intelectual na perspectiva histórico-cultural: contribuições ao estudo do desenvolvimento adulto. **Revista Brasileira de Educação Especial**, Marília, v. 19, n. 2, p. 169-182, abr./jun. 2013. Disponível em: <http://www.scielo.br/scielo.php?script=sci_arttext&pid=S1413-65382013000200003&lng=en&nrm=iso>. Acesso em: 17 dez. 2019.

DOURADO, I. C. P.; PRANDINI, R. C. A. R. Henri Wallon: psicologia e educação. In: REUNIÃO DA ANPED, 24., 2001, Caxambu.

EDWARDS, W.; LUCKASSON, R. A. **Mental Retardation**: Definition, Classification, and Systems of Supports. Washington: AAMR, 2002.

FACIOLA, R. A. **A escola inclusiva enquanto contexto de desenvolvimento**: um estudo dos fatores de risco e proteção. Tese (Doutorado em Psicologia) – Universidade Federal do Pará, Belém, 2012.

FERNANDES, L. B.; SCHLESENER, A.; MOSQUERA, C. Breve histórico da deficiência e seus paradigmas. **Revista do Núcleo de Estudos e Pesquisas Interdisciplinares em Musicoterapia**, Curitiba, v. 2, p. 132-144, 2011.

FERREIRA, E. B. Educação inclusiva e os direitos da pessoa com deficiência: concepção, valores e práticas. **Jus**, maio 2019. Disponível em: <https://jus.com.br/artigos/73765/educacao-inclusiva-e-os-direitos-da-pessoa-com-deficiencia-concepcao-valores-e-praticas>. Acesso em: 16 dez. 2019.

GALVÃO, I. **Henry Wallon**: uma concepção dialética do desenvolvimento infantil. 14. ed. Petrópolis: Vozes, 2005.

GAMA, M. C. S. S. As teorias de Gardner e de Sternberg na educação de superdotados. **Revista Educação Especial**, v. 27, n. 50, p. 665-674, set./dez. 2014. Disponível em: <https://periodicos.ufsm.br/educacaoespecial/article/view/14320/pdf>. Acesso em: 17 dez. 2019.

_____. **Educação de superdotados**: teoria e prática. São Paulo: EPU, 2006.

GARDNER, H. **Estruturas da mente**: a teoria das inteligências múltiplas. Porto Alegre: Artes Médicas, 1994.

GARDOU, C.; DEVELAY, M. O que as situações de deficiência e a educação inclusiva "dizem" às ciências da educação. **Revista Lusófona de Educação**, v. 6, p. 31-45, 2005.

GONÇALVES, M. C. A inclusão social do portador de necessidades especiais e suas garantias constitucionais. **Revista Acadêmica Direitos Fundamentais**, Osasco/SP, ano 4, n. 4, 21 out. 2010. Disponível em: <http://docplayer.com.br/9610068-A-inclusao-social-do-portador-de-necessidades-especiais-e-suas-garantias-constitucionais.html>. Acesso em: 18 dez. 2019.

GUERRA, L. B. O diálogo entre a neurociência e a educação: da euforia aos desafios e possibilidades. **Revista Interlocução**, v. 4, p. 3-12, 2011. Disponível em: <http://www.icb.ufmg.br/neuroeduca/arquivo/texto_teste.pdf>. Acesso em: 17 dez. 2019.

GUGEL, M. A. **A pessoa com deficiência e sua relação com a história da humanidade**. 2007. Disponível em: <http://www.ampid.org.br/ampid/Artigos/PD_Historia.php>. Acesso em: 17 dez. 2019.

GUIMARÃES, D. M. **O desenvolvimento e a aprendizagem da criança de 0 a 6 anos**. Monografia (Especialização em Psicopedagogia) – Universidade Cândido Mendes, Rio de Janeiro, 2010.

JANNUZZI, G. **A educação do deficiente no Brasil**: dos primórdios ao início do século XXI. Campinas: Autores Associados, 2004.

JOENK, I. K. **Introdução ao pensamento de Vygotsky**. Rio do Sul: Udesc; Unidavi, 2007.

KASSAR, M. de C. M. **Deficiência múltipla e educação no Brasil**: discurso e silêncio dos sujeitos. Campinas: Autores Associados, 1999.

KESSELRING, T. **Jean Piaget**. 3. ed. ampl. Caxias do Sul: Educs, 2008.

LAKOMY, A. M. **Teorias cognitivas da aprendizagem**. Curitiba: Ibpex, 2008.

LEITE, L. P.; SILVA, A. M. da. Práticas educativas: adaptações curriculares. In: CAPELLINI, V. L. M. F. (Org.). **Práticas em educação especial e inclusiva na área da deficiência mental**. Bauru: MEC/FC/SEE, 2008.

LEME, V. B. R. et al. Habilidades sociais e o modelo bioecológico do desenvolvimento humano: análise e perspectivas. In: HUSTEN, T.; POSTLETHWAITE, T. N. (Eds.). **International encyclopedia of education**. New York: Eselvier Sciense, 1994. v. 3, p. 37-43.

LOPES, E. **Flexibilização curricular**: um caminho para o atendimento de aluno com deficiência, nas classes comuns da Educação Básica. Programa de Desenvolvimento Educacional (PDE), Londrina, 2008. Disponível em: <http://www.gestaoescolar.diaadia.pr.gov.br/arquivos/File/producoes_pde/artigo_esther_lopes.pdf>. Acesso em: 17 dez. 2019.

LOPES, G. C. O preconceito contra o deficiente ao longo da história. **EFDeportes.com**, Buenos Aires, año 17, n. 176, jan. 2013. Disponível em: <http://www.efdeportes.com/efd176/o-deficiente-ao-longo-da-historia.htm>. Acesso em: 17 dez. 2019.

LUKÁCS, G. **Ontologia do ser social**: os princípios ontológicos fundamentais de Marx. São Paulo: Ciências Humanas, 1979.

MACÊDO, J. A. S. Inclusão: a escola está preparada para ela? **Brasil Escola**. Disponível em: <https://meuartigo.brasilescola.uol.com.br/educacao/inclusao-escola-esta-preparada-para-ela.htm>. Acesso em: 17 dez. 2019.

MAIS DE 100 motivos para comemorar a lei brasileira de inclusão da pessoa com deficiência. **Colégio Notarial do Brasil, seção São Paulo**, 15 jan. 2016. Disponível em: <http://www.cnbsp.org.br/?pG=X19leGliZV9ub3RpY2lhcw==&in=MTE0MTE=&filtro=1>. Acesso em: 16 dez. 2019.

MATE, Y. B. **Inteligencia y algunos factores de personalidad en superdotados**: una demonstración dentro del ámbito social. Salamanca: Amarú, 1996.

MAZZOTTA, M. J. S. **Educação especial no Brasil**: história e políticas públicas. 5. ed. São Paulo: Cortez, 2005.

MEDEIROS, M.; DINIZ, D. **A nova maneira de se entender a deficiência e o envelhecimento**. Brasília: Ipea, 2004.

MOREIRA, M. A. **Aprendizagem significativa**. Brasília: Ed. da UnB, 1999.

NOVAES, E. C. Educação especial e inclusiva: metodologia e adaptações curriculares. **Blog do Ed**, 2011. Disponível em: <http://edmarciuscarvalho.blogspot.com/2011/03/educacao-especial-e-inclusiva.html>. Acesso em: 17 dez. 2019.

OCDE – Organização de Cooperação e Desenvolvimento Econômicos. **Compreendendo o cérebro**: rumo a uma nova ciência da aprendizagem. São Paulo: Senac, 2003.

OLIVEIRA, A. S.; VALENTIN, F. O. D.; SILVA, L. H. **Avaliação pedagógica**: foco na deficiência intelectual numa perspectiva inclusiva. São Paulo: Cultura Acadêmica; Marília: Oficina Universitária, 2013.

OLIVEIRA, M. K. de. **Vygotsky e o processo de formação de conceitos.** São Paulo: Summus, 1992.

ONU – Organização das Nações Unidas. **Declaração Universal dos Direitos Humanos.** Paris, 1948. Disponível em: <https://www.ohchr.org/EN/UDHR/Pages/Language.aspx?LangID=por>. Acesso em: 17 dez. 2019.

PEREIRA, L. C. Teoria cognitiva. **InfoEscola.** Disponível em: <https://www.infoescola.com/educacao/teoria-cognitiva/>. Acesso em: 17 dez. 2019.

PIAGET, J. **A linguagem e o pensamento da criança.** Tradução de Manuel Campos. São Paulo: M. Fontes, 1986.

PIAGET, J. **Biologia e conhecimento.** 2. ed. Petrópolis: Vozes, 1996.

PLATÃO. **A república.** Tradução de Maria Helena da Rocha Pereira. 9. ed. Lisboa: Fundação Calouste Gulbenkian, 2001. Livro IV.

POLÔNIA, A. C.; DESSEN, M. A.; SILVA, N. L. P. O modelo bioecológico de Bronfenbrenner: contribuições para o desenvolvimento humano. In: DESSEN, M. A.; COSTA JÚNIOR, A. L. (Org.). **A ciência do desenvolvimento humano:** tendências atuais e perspectivas futuras. Porto Alegre: Artmed, 2005. p. 71-89.

PARADIGMA comportamental: o que é? **Portal Educação,** 22 abr. 2013. Disponível em: <https://www.portaleducacao.com.br/conteudo/artigos/direito/paradigma-comportamental-o-que-e/45118>. Acesso em: 18 dez. 2019.

PORTILHO, E. **Como se aprende?** Estratégias, estilos e cognição. Rio de Janeiro: Wak, 2009.

REGO, T. C. **Vygotsky:** uma perspectiva histórico-cultural da educação. Petrópolis: Vozes, 1995.

_____. **Vygotsky:** uma perspectiva histórico-cultural da educação. Petrópolis: Vozes, 2000.

RELVAS, M. P. **Fundamentos biológicos da educação**: despertando inteligências e afetividade no processo de aprendizagem. 4. ed. Rio de Janeiro: Wak, 2010.

_____. **Neurociência e transtornos de aprendizagem**: as múltiplas eficiências para uma educação inclusiva. 5. ed. Rio de Janeiro: Wak, 2011.

RIBEIRO, S. Neurociência. **Estudos Avançados**, v. 27, 2013.

RIZZINI, I.; MENEZES, C. D. de. **Crianças e adolescentes com deficiência mental no Brasil**: um panorama da literatura e dos dados demográficos. Rio de Janeiro: CIESPI/PUC-Rio, 2010. Disponível em: <http://docplayer.com.br/9621113-criancas-e-adolescentes-com-deficiencia-mental-no-brasil-um-panorama-da-literatura-e-dos-dados-demograficos.html>. Acesso em: 17 dez. 2019.

RIZZUTI, R. A escola dos bichos. **Cursos CPT**. Disponível em: <https://www.cpt.com.br/para-refletir/escola-dos-bichos>. Acesso em: 16 out. 2019.

ROAZZI, A.; SOUZA, B. C. de. Repensando a inteligência. **Revista Paideia**, Ribeirão Preto, v. 12, n. 23, p. 31-55, 2002. Disponível em: <http://www.scielo.br/scielo.php?pid=S0103-863X2002000200004&script=sci_abstract&tlng=pt>. Acesso em: 17 dez. 2019.

ROSSATO, S. P. M.; LEONARDO, N. S. T. A deficiência intelectual na concepção de educadores da educação especial: contribuições da psicologia histórico cultural. **Revista Brasileira de Educação Especial**, v. 17, n. 1, p. 71-86, 2011.

SANT'ANNA, A. R. Os desafios de Trasímaco e a tese internalista da justiça em *A República*. **Existência e Arte**, São João Del-Rei, ano 9, n. 8, p. 81-92, jan./dez. 2013. Disponível em: <https://ufsj.edu.br/portal2-repositorio/File/existenciaearte/07_Andre_Rosolem_Sant%E2%80%99Anna-pg_81-92.pdf>. Acesso em: 17 ago. 2019.

SANTOS, A. S. P. G. dos. A dificuldade intelectual e desenvolvimental na atualidade. **Revista Educação Inclusiva**, v. 1, n. 2, p. 1-16, 2010.

SANTOS, J. S. dos. **Pessoas com deficiências**: uma breve análise sobre o Centro de Reabilitação de Pessoas Portadoras de Deficiência (CERPPOD). (Monografia) – Especialização em Gestão Pública Municipal, Universidade Estadual da Paraíba, Patos/PB; Campina Grande, 2012.

SARLET, I. W. **Dignidade da pessoa humana e direitos fundamentais na Constituição Federal de 1998**. 9. ed. Porto Alegre: Livraria do Advogado, 2011.

SCHULTZ, D. P.; SCHULTZ, S. E. **História da psicologia moderna**. São Paulo: Cengage Learning, 2009.

SHEEHY, N. **50 grandes psicólogos**: suas ideias suas influências. São Paulo: Contexto, 2006.

SILVA, J. A. da. Os pioneiros no estudo da inteligência. **Revide**, 28 nov. 2014. Disponível em: <https://www.revide.com.br/blog/josé-aparecido-da/os-pioneiros-no-estudo-da-inteligencia/>. Acesso em: 17 dez. 2019.

SILVA, M. O. E. da; COELHO, F. Da deficiência mental à dificuldade intelectual e desenvolvimental. **Revista Lusófona de Educação**, v. 28, p. 163-180, 2014. Disponível em: <http://revistas.ulusofona.pt/index.php/rleducacao/article/view/4927/3272>. Acesso em: 17 dez. 2019.

SILVA, O. M. da. **A epopeia ignorada**: a pessoa deficiente na história do mundo de ontem e de hoje. São Paulo: Cedas, 1986.

SIMONETTI, L. O que é desenvolvimento cognitivo. **Blog Ciência do Cérebro**, 5 set. 2012. Disponível em: <https://cienciadocerebro.wordpress.com/2012/09/05/o-que-e-desenvolvimento-cognitivo/>. Acesso em: 17 dez. 2019.

SOUZA, A. F. L. et al. Henri Wallon: sua teoria e a relação da mesma com a prática. **Revista Ícone**, v. 10, n. 2, ago. 2012.

STAINBACK, S.; STAINBACK, W. **Inclusão**: um guia para educadores. Porto Alegre: Artmed, 1999.

STERNBERG, R. J. et al. Identification, Instruction, and Assessment of Gifted Children: a Construct Validation of a Triarchic Model. **Gifted Children Quarterly**, v. 40, p. 129-137, 1996.

STERNBERG, R. J.; GRIGORENKO, E. L. **Inteligência plena**: ensinando e incentivando a aprendizagem e a realização dos alunos. Porto Alegre: Artmed, 2003.

TAFNER, M. A construção do pensamento segundo Piaget. **Brainstorming**. Disponível em: <http://www.cerebromente.org.br/n08/mente/construtivismo/construtivismo.htm>. Acesso em: 16 out. 2019.

TEIXEIRA, H. **Teoria do desenvolvimento cognitivo de Jean Piaget**. 8 dez. 2015. Disponível em: <http://www.helioteixeira.org/ciencias-da-aprendizagem/teoria-do-desenvolvimento-cognitivo-de-jean-piaget/>. Acesso em: 17 dez. 2019.

TÍLIO, R. de. "A querela dos direitos": loucos, doentes mentais e portadores de transtornos e sofrimentos mentais. **Revista Paideia**, Ribeirão Preto, v. 17, n. 37, p. 195-206, 2007. Disponível em: <http://www.scielo.br/scielo.php?script=sci_abstract&pid=S0103-863X2007000200004&lng=en&nrm=iso&tlng=pt>. Acesso em: 17 dez. 2019.

TOLDRÁ, R. C.; MARQUE, C. B. D.; BRUNELLO, M. I. B. Desafios para a inclusão no mercado de trabalho de pessoas com deficiência intelectual: experiências em construção. **Revista de Terapia Ocupacional da Universidade de São Paulo**, São Paulo, v. 21, n. 2, p. 158-165, maio/ago. 2010.

TREZENTOS. Direção: Zack Snyder. EUA: Warner Bros., 2006. 117 min.

UNESCO. **Declaração de Salamanca**: sobre princípios, política e práticas na área das necessidades educativas especiais. Salamanca, 1994.

VASCONCELOS, M. J. E. **Pensamento sistêmico**: o novo paradigma da ciência. Campinas: Papirus, 2002.

VYGOTSKY, L. S. **A formação social da mente**. 6. ed. São Paulo: M. Fontes, 1998.

____. **Fundamentos de defectología**. Tradução de Julio Guillermo Blank. Madrid: Visor, 1997. (Obras Escogidas, v. V).

____. **Mind in Society**: the Development of Higher Psychological Processes. Cambridge: Harvard University Press, 1978.

WADSWORTH, B. **Inteligência e afetividade da criança**. 4. ed. São Paulo: Enio Matheus Guazzelli, 1996.

WALLON, H. **A evolução psicológica da criança**. 2. ed. Lisboa: Edições 70, 1995.

WECHSLER, D. **Escala Wechsler de inteligência para crianças**: WISC IV – manual técnico. 4. ed. São Paulo: Casa do Psicólogo, 2013.

____. **Teste de inteligência para crianças**: WISC III. Buenos Aires: Paidós, 1944.

Bibliografia comentada

ANACHE, A. A. O deficiente e o mercado de trabalho: concessão ou conquista? **Revista Brasileira de Educação Especial**, Piracicaba, v. 4, n. 1, p. 119-126, 1996. Disponível em: <http://www.abpee.net/homepageabpee04_06/artigos_em_pdf/revista4numero1pdf/r4_art10.pdf>. Acesso em: 17 dez. 2019.

Esse texto é resultado de uma pesquisa realizada entre 1992 e 1994 e relata as dificuldades da pessoa com deficiência para ingressar no mercado de trabalho. Faz considerações de relevância para esse contexto, situando os leitores em uma realidade com reflexões contextualizadas e inteligentes.

BRONFENBRENNER, U. **A ecologia do desenvolvimento humano**: experimentos naturais e planejados. Porto Alegre: Artes Médicas, 1996.

Esse livro vem trazer ao cenário educacional o foco do desenvolvimento sistêmico e contextual, ressaltando que isso ocorre em quatro níveis dinâmicos e interrelacionados: a pessoa, o processo, o contexto e o tempo. Bronfenbrenner é o autor e mantenedor dessa abordagem teórico-metodológica. Assim, esta leitura é fundamental para a compreensão do modelo teórico conhecido como *PPCT*.

GARDNER, H. **Estruturas da mente**: a teoria das inteligências múltiplas. Porto Alegre: Artes Médicas, 1994.

Gardner postula sua teoria das múltiplas inteligências e as descreve neste livro, para que possamos compreender a inter-relação entre elas. Sua teoria vai na contramão das teorias psicométricas, e a inteligência é entendida como a capacidade de resolução de problemas, a criação de produtos inovadores que impactem a sociedade e viabilizem a vida dos indivíduos, bem como a habilidade para lidar com os desafios do mundo atual.

GONÇALVES, M. C. A inclusão social do portador de necessidades especiais e suas garantias constitucionais. **Revista Acadêmica Direitos Fundamentais**, Osasco, ano 4, n. 4, 2010. Disponível em: <http://docplayer.com.br/9610068-A-inclusao-social-do-portador-de-necessidades-especiais-e-suas-garantias-constitucionais.html>. Acesso em: 17 dez. 2019.

Após breve relato histórico dos tratamentos discriminatórios às pessoas com deficiência, a autora toma a Constituição de 1988 como embasamento para seus relatos, seus comentários e suas reflexões sobre os direitos dessas pessoas e a verdadeira luta, na prática, para a efetivação dos direitos na vida diária.

GUGEL, M. A. **A pessoa com deficiência e sua relação com a história da humanidade**. 2007. Disponível em: <http://www.ampid.org.br/ampid/Artigos/PD_Historia.php>. Acesso em: 17 dez. 2019.

Esse artigo é de exuberante competência para situar os interessados no tema na história e na evolução da sociedade e de sua organização legal, para melhor atender e incluir os cidadãos com deficiência. O relato da autora começa pela vida primitiva, passa por Egito, Grécia, Roma, Idade Média, Idade Moderna até culminar no século XX. É uma leitura preliminar.

OLIVEIRA, M. K. de. **Vygotsky**: aprendizado e desenvolvimento – um processo sócio-histórico. São Paulo: Scipione, 1993.

Nessa obra, é possível conhecer as ideias de Vygotsky. O foco é o papel da cultura e da linguagem na formação do ser humano. A autora é conhecedora profunda de Vygotsky e reserva uma parte do livro para discorrer sobre a vida e a obra do pensador. Também faz relações entre os pensamentos de Vygotsky e Piaget. Portanto, é uma leitura que não pode deixar de ser feita com bastante atenção para compreender os pensamentos desses estudiosos.

PIAGET, J. **A linguagem e o pensamento da criança**. Tradução de Manuel Campos. São Paulo: M. Fontes, 1986.

Esse livro aborda as necessidades que a criança tem da linguagem e deixa claro que a linguagem não pode ser reduzida à função de simplesmente comunicar pensamento. Piaget relata sua pesquisa, no Instituto Rousseau, em Genebra, e as conclusões obtidas como relevantes para o estudo da formação da criança e dos professores. Leitura importante para começar a compreender Piaget e sua obra.

PORTILHO, E. **Como se aprende?** Estratégias, estilos e cognição. Rio de Janeiro: Wak, 2009.

Nesse livro, a autora fala sobre o processo ensino-aprendizagem de forma clara e científica. Esse é o diferencial de seu livro, que, com base na experiência docente da autora e de seus estudos, intenta responder à indagação: Como se aprende? Afinal, é o que muitos querem saber.

SILVA, J. A. da. Os pioneiros no estudo da inteligência. **Revide**, 28 nov. 2014. Disponível em: <https://www.revide.com.br/blog/josé-aparecido-da/os-pioneiros-no-estudo-da-inteligencia/>. Acesso em: 17 dez. 2019.

Nesse texto, o autor apresenta ao leitor os principais pesquisadores de vertente psicométrica, como Francis Galton, James Cattel e Alfred Binet (final do século XIX).

SOUZA, A. F. L. et al. Henri Wallon: sua teoria e a relação da mesma com a prática. **Revista Ícone**, v. 10, n. 2, ago. 2012.

Quando se pensava que nada de novo poderia surgir no campo do desenvolvimento humano e seu processo de aprender, aparece, discretamente, Henri Wallon, com uma teoria que abrange toda a infância do ser humano, impactando a psicologia e a pedagogia com suas contribuições. Wallon, segundo este texto, atribui suma importância à afetividade no processo evolutivo e não coloca a inteligência como o principal componente do desenvolvimento, mas defende que o processo de evolução depende tanto da capacidade biológica do sujeito quanto do ambiente. Esse artigo faz uma interposição entre a teoria de Wallon e a prática em pesquisa de relevância.

Respostas

Capítulo 1

Atividades de autoavaliação
1. c
2. b
3. V, V, V, F, V.
4. b
5. a

Capítulo 2

Atividades de autoavaliação
1. a
2. V, V, F, F, V.
3. b
4. F, F, V, V, V.
5. b

Capítulo 3

Atividades de autoavaliação
1. F, F, V, F, V.
2. c
3. c
4. V, V, F, V, F.
5. b

Capítulo 4

Atividades de autoavaliação
1. a
2. F, V, V, F, F.
3. V, F, V, F, F.
4. F, V, V, F, F.
5. V, F, V, F, F.

Capítulo 5

Atividades de autoavaliação
1. V, F, V, F, F.
2. V, F, V, V F.
3. F, V, F, F, V.
4. V, V, V, V, F.
5. F, V, V, V, F.

Sobre a autora

Bartira Santos Trancoso é professora e psicóloga. Mestre em Educação pela Universidade Federal do Paraná (UFPR), pós-graduada em Educação Especial com ênfase em Educação Inclusiva e pós-graduada em Educação Especial com ênfase em Altas Habilidades/Superdotação. No campo da educação, tem experiência como docente no ensino regular, em classes especiais, nas salas de recursos e em escolas especiais. Há 38 anos trabalha na rede pública de ensino, 18 destes na educação especial.

No campo da psicologia, tem graduação pela Universidade Tuiuti do Paraná (1985), é especialista em Ludoterapia e em Terapia Familiar Sistêmica. Tem experiência em atendimento clínico com crianças, adultos e casais, com os quais desenvolveu programa de prevenção à violência familiar.

Atualmente, é professora regente na Escola Municipal Ali Bark na modalidade de educação especial, em Curitiba (PR). Coordena curso de pós-graduação em Altas Habilidades/Superdotação e ministra aulas em cursos de pós-graduação para diversas instituições. É membro do Conselho Brasileiro para Superdotação (Conbrasd), do qual foi vice-presidente no biênio 2013-2014. Atua em consultório com avaliação e atendimento e coordena o Projeto Mentorial, um programa de incentivo à maximização do potencial superior, na cidade de Curitiba. É autora e coautora de vários livros: poesias, relacionamento conjugal e desenvolvimento socioemocional de crianças superdotadas. Ministra palestras e cursos com ênfase nos seguintes temas: altas habilidades/superdotação, trabalho por projetos, dificuldades e distúrbios de aprendizagem, transtorno do espectro autista (TEA), inclusão e enriquecimento curricular.

Impressão:
Janeiro/2020